애덤 스미스,
더불어 잘 사는 세상을 꿈꾸다

애덤 스미스,
더불어 잘 사는 세상을 꿈꾸다

김세연 지음

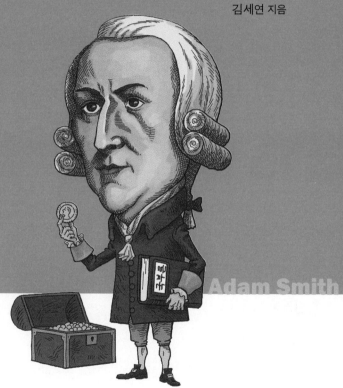

Adam Smith

글라이더

"10대, 책을 통해 세상을 마주하라!"

10대에 만나 평생을 사는
활력장치를 가질 수 있는 책!

어디로 가는지도 모를 교육 광풍의 전쟁터에서 아이들은 저항조차 못하고 그 상처는 실로 처참합니다. 소위 금수저를 물려주지 못해 늘 가슴 한켠이 시린 부모들은 아이들 보다 더 아픕니다.

경제적인 잣대로만 사람을 저울질하는 세상에 끌려다니지 말고 우리 모두 그 잣대를 내려놓아버리면 어떨까요. 지금 당장 나부터 그렇게 하는겁니다. 그러면 누구도 그 잣대로 억울한 꼴을 당하지 않아도 될 텐데요.

우리 아이들이 저마다 자기 빛깔에 자긍심을 회복하고 아름다운 자기만의 향기를 지켜낼 마음의 근력을 키워가며 〈10대에 마주하는 인문/고전〉 시리즈를 만나 평생을 사는 활력장치를 가질 수 있길 바랍니다.

− 학교도서관문화운동네트워크 사무처장 **김경숙**

거인의 어깨에서
세상을 보는 책!

10대는 자신과 이웃, 세상, 자연, 우주 등에 대해 늘 질문을 던지며 새로운 지식과 지혜를 배우는 시기입니다. 그러기 위해서는 무엇보다도 친구가 필요합니다. 친구와 함께 질문을 던지고 답을 찾는 모험을 떠나보길 권합니다. 더 많은 모험을 하는 데에는 역시 책이 큰 도움이 됩니다. 다른 세상으로 들어갈 수 있는 문인 책은 읽는 사람 누구든지 자유로운 상상을 통해 어디라도 데려다 줍니다.

책 가운데서도 오랜 역사를 통해 수많은 사람들에게 도발적인 질문을 던지고 무한한 상상으로 한계를 극복하게 해준 책이 고전입니다. 그래서 10대에는 이들 고전을 꼼꼼하고도 정열적으로 읽어야 합니다. 그래야 인류가 지나오면서 단단하게 쌓아온 정당한 질문과 해답 찾기를 내 것으로 만들 수 있습니다. 그런 연후에 새로운 상상과 생각을 가질 수 있고, 그것이 더 나은 세상을 만들 것입니다. 그것이 성장이고 진보입니다.

그런 점에서 〈10대에 마주하는 인문/고전〉 시리즈는 거인의 어깨와도 같습니다. 더 높은 곳에 올라 더 넓은 세상을 볼 수 있도록 도와줍니다. 이 책을 읽을 때에도 그저 맹목적으로 읽는 것이 아니라 그 내용 하나하나를 꼼꼼하게 분석하고 도전하고 끝까지 파헤쳐, 나 자신을 제대로 만들어 가는 도구로 삼기를 바랍니다.

– 도서관문화비평가 **이용훈**

청소년을 위한 경제교육, 노동교육,
독서교육, 시민교육, 진로 교육을 이 한 권에!

〈10대에 마주하는 인문/고전〉 시리즈는 그 내용을 친근한 어투로 설명해줍니다. 지은이 자신의 체험까지 곁들여 가며 참으로 친절하게 설명해주지만 그 메시지는 결코 무르지 않습니다. 생각에 그치지 말고 실천하라는 것, 그것을 통해 세계를 변화시키라는 것입니다.

지은이는 독자들에게 '다른 시선을 통한 변화'를 얘기합니다.

"세상은 다르게 바라보는 사람에 의해 항상 변해 왔다는 것을 잊지 말라"고 당부합니다. 여기서 말하는 '다르게 보기'는 의심하고 분석하는 것, 곧 '달리 생각하기'이고, 나아가 '주체적으로 살아가기'입니다.

결국 그로부터 '세상의 변화'가 움틀 것입니다. 그 변화 속에서 새로운 사회, 새로운 문화, 새로운 환경이 만들어질 것입니다.

〈10대에 마주하는 인문/고전〉 시리즈는 여러모로 쓸모가 있습니다.

대부분의 사람은 취업과 동시에 노동자로서의 권리와 의무를 갖는다는 것을(노동교육), 주체적인 삶을 살려고 노력해야만 '자본에게 영혼이 팔릴 위험'으로부터 자신을 지킬 수 있다는 것을(진로교육), 나만의 관점으로 '비판적 책 읽기'를 해야 함을(독서교육), 진리가 중요하지 자신의 주장이 중요한 것은 아님을(공부 방법), 내게 주어진 최소한의 권리를 찾고 적어도 타인이 그 자신의 권리를 행사할 때 그것을 비난하지 말아야 한다는 것을(시민교육), 일깨웁니다.

– 학교도서관저널 주간 연용호

새로운 질문을 통해
새로운 사회를 만나는 안내서!

인문학 열풍은 남녀노소를 불문하고 우리사회의 '대화와 소통'이라는 큰 화두를 계속 던지고 있습니다. 이처럼 여러 생각과 사상이 어우러지는 융합·통합하는 세상을 그리고 있지만, 사회의 현실은 녹록지 않습니다. 청소년은 '성장'과 '젊음' 그리고 '저항'입니다. 그러한 것이 청소년기를 이끌어가는 동력이며, 우리는 이를 '질풍노도'의 시기라고 말합니다. 이 시기에는 다양한 학문과 사상, 질문과 탐구라는 과정이 함께 포함되어 있습니다. 삶에서의 찬란함, 웅장함, 가능성 등 많은 에너지를 얻는 것이지 자아와 삶의 결론내리는 시기가 아닙니다. 그러한 맥락에서 청소년기의 독서는 매우 훌륭한 밑거름이 됩니다.

〈10대에 마주하는 인문/고전〉 시리즈는 어렵게만 느껴지던 이론과 학문을 청소년의 시각에서 잘 풀어내며 우리사회의 문제제기를 통해 여러 질문을 접하고 사색하는 기회를 제공해 줍니다. 독자는 사색하는 과정을 통해 '새로운 질문'을 발견할 것이며 앞으로 탐구할 수 있는 역량을 기르는 계기가 될 것입니다.

〈10대에 마주하는 인문/고전〉 시리즈를 통해 질문과 탐구라는 훈련을 거쳐 향후 어떠한 과정에서도 한 곳에 치우쳐 선택하거나 그 가치를 부정하는 것이 아닌 새로운 방법과 의견을 제시할 수 있는 현명함과 그 토대를 형성하기를 바랍니다.

- 응암정보도서관 사서 **강찬욱**

"어두운 현실을 밝혀줄
등불 같은 지혜를 얻다!"

경제가 어려워질수록 사람들의 얼굴은 어두워집니다. 사람들에게 가장 큰 문제 중 하나는 먹고사는 문제입니다.

경제가 어려우면 대부분의 사람들은 막연한 희망을 품습니다. 언젠가는 경제가 좋아지겠지 하고 말이죠. 하지만 그런 막연한 희망은 우리를 더 힘들게 합니다. 막연하기 때문에 금방 사라지기도 합니다.

경제문제는 우리에게 정말 중요합니다. 하지만 대부분의 사람들은 무엇이 문제인지 조차 모르고 있는 현실입니다. 이런 현실을 바꾸기 위해서는 역사를 알 필요가 있습니다. 특히 경제학의 역사를 알아야 합니다.

경제학의 역사를 살펴보면, 가장 먼저 등장하는 사람이 한 명 있습니다. 바로 애덤 스미스입니다. '보이지 않는 손'을 주장하였고, 『국부론』을 썼습니다. 현재 경제학의 아버지로 불리는 인물입니다.

그가 바라본 경제는 자본주의였습니다. 자본주의가 발전하고 있던 시기였기 때문에 자본주의의 기본 원리를 연구했습니다. 우리가 알고 있는 『국부론』 역시 자본주의의 기본 원리를 분석한 책입니다.

우리는 지금 어떤 경제 시스템에서 살고 있을까요? 네, 우리가 살고 있는 경제 시스템은 자본주의입니다. 애덤 스미스가 분석한 경제 시스템하고 똑같습니다. 특히 그의 이론이 지금 우리가 살고 있는 자본주의에 막대한 영향을 미쳤습니다. 애덤 스미스를 괜히 경제학의 창시자라고 하는 것이 아닙니다. 그만큼 그의 이론은 여전히 생생하게 다가옵니다.

애덤 스미스의 이야기를 이해하는 것은 자본주의의 기본 원리를 이해하는 것입니다. 이는 우리가 살고 있는 세상을 이해하는 것과 같습니다.

그가 『국부론』을 통해 밝혀내고 싶었던 경제학의 기본원리, 나아가 자본주의의 원리를 같이 알아보도록 하죠. 막연한 희망이 아닌 눈에 보이는 희망을 꿈꿀 수 있습니다.

역사상 가장 위대한 경제학자의 이야기입니다.

여러분! 세상은 다르게 바라보는 사람에 의해 항상 변해 왔다는 것을 잊지 마세요!!

2016년 2월

김세연

고전 경제학의 아버지, 애덤 스미스

▲ 애덤 스미스(Adam Smith, 1723년 6월 5일 ~ 1790년 7월 17일)
스코틀랜드 출신의 정치경제학자이자 윤리철학자이다. 후대의 여러 분야에 큰 영
향을 미친 『국부론』의 저자이다. 고전경제학의 대표적인 이론가인 애덤 스미스는
일반적으로 경제학의 아버지로 여겨지며 자본주의와 자유무역에 대한 이론적 심
화를 제공했다.

▲ 스코틀랜드 에딘버러에 있는 애덤 스미스 동상

▲ 애덤 스미스가 도덕철학 교수로 강의했던 스코틀랜드의 글래스고 대학

▲ 애덤 스미스의 묘

자본주의를
최초로
이야기한
철학자

1
『국부론』에서 시작된
자본주의

부모님이 항상 출근했던 이유

저의 아주 어릴 적 이야기입니다. 방안에 어둠이 온통 깃들어도 부모님은 집에 돌아오시지 않았습니다. 유치원에서 집에 돌아와도 저를 반겨주는 것은 텔레비전 밖에 없었죠. 제가 좋아하는 만화를 다 보고 시계를 들여다봐도 방안의 적막함은 쉽게 사라지지 않더군요. 저녁은 옆집 아주머니가 매번 챙겨주셨던 것 같습니다. 7살짜리 아이 혼자 맞는 저녁은 생각보다 무거웠던 것으로 기억되네요.

여러분도 그런 경험이 있나요? 부모님은 모두 일하러 나가시고 집에는 혼자 있었던 경험 말입니다. 사실 제 어린 시절에는 맞벌이를 하는 가정이 그리 많지는 않았습니다. 대부분 외벌이었죠. 그러다 보니 제 기억에는 부모님 모두 출근한 날들이 더 강렬한 인상으로 남아있는 듯합니다. 하지만 지금 이 책을 읽고 있는 여러분들은 조금 다른 기억을 갖고 있을지도 모르겠네요. 요즘에는 더 많은 부모님들이 맞벌이를 하고 계시니까요. 저의 특별한 경험이 여러분에게는 일상의 경험이 되어 있지 않을까 짐작해봅니다.

참 궁금했습니다. 항상 나와 시간을 보내던 엄마가 왜 갑자기 일을 나가야 했는지 말이죠. 어린 마음에는 그냥 계속 같이 놀았으면 했습니다. 아빠의 출근도 마음에 들지 않아서 버스 정류장에서 그렇게 많이 울었는데, 엄마까지 출근을 한다고 하니 어찌할 도리가 없더군요. 하루종일 혼자 있어야 한다는 사실을 순순히 받아들였습니다.

순순히 받아들이니 힘들지만 견딜 수 있는 일상이 되었습니다. 하지만 견딜 수 있을 뿐이었지 괜찮지는 않더군요. 한편으로는 내가 왜 이런 일상을 겪어야 하는지 궁금해 졌습니다.

저는 평소에 제게 가장 많은 영향을 주는 것들이 무엇인지 궁금했습니다. 보통 사람들은 쉽게 이야기하죠. 인생을 살려면 돈을 벌어야 하고, 돈을 벌기 위해서는 취직을 해야 한다고요. 또 취직을 위해서는 대학에 가야하고 대학에 가기 위해서 공부를 열심히 해야 한다고 말합니다. 누구나 알고 있고 너무 당연해 보이는 것들입니다. 하지만 우리는 왜 그런 과정을 겪어야 하는지 잘 모릅니다.

대학에 가고 취직을 하고 돈을 버는 것들은 분명 우리 인생에 막대한 영향을 미칩니다. 여러분이 학원에 다니면서 공부를 열심히 하는 이유도 따지고 보면 대학에 가기 위해서가 아닌가요? 부정하기가 쉽지 않습니다. 그런데 우리는 왜 우리가 그런 일상을 살아야 하는지 잘 모릅니다. 너무 당연한 일상이기 때문에 그냥 수긍하며 살고 있는 것이죠.

저는 대학에 들어가서 경제학을 공부하다 이러한 이유를 조금 알게 되었습니다. 앞에서 말한 일상이 왜 우리 앞에 나타났는지 말입니다.

여러분은 우리가 왜 이런 일상을 살아야 하는지 알고 있나요? 저는 우리가 자본주의라는 경제시스템 속에 살고 있기 때문이더라고 생각합니다.

자본주의와 경제학의 관계

자본주의라는 단어를 들으면 무엇이 떠오르나요? 대부분의 학생들은 이 단어를 듣고 무엇을 떠올려야 할지 모르더군요. 시장경제라고 답하는 친구들도 있었고, 공산주의의 반대라는 친구들도 있었습니다. 다들 정확한 답은 아니었죠. 어떤 친구들은 애덤 스미스라고 답하기도 했습니다. 제가 애덤 스미스가 누구냐고 묻자, '경제학의 아버지'라고 답했습니다. 자본주의와 어떻게 관련이 있는지는 몰라도 경제학의 아버지가 애덤 스미스라는 사실은 안다고 하더군요.

그럼, 여러분에게 한 가지 퀴즈를 내볼까요? 여러분은 경제학과 자본주의 중 어떤 것이 이 세상에 먼저 존재했다고 생각하나요? 한 번 생각해 보죠. 어려운 질문인가요? 상식적으로 생각하면 쉽게 답을 찾을 수도 있습니다.

정답은 당연히 자본주의입니다. 명확한 기원을 찾기는 어렵지만, 자본주의의 시작은 대략 1500년대에서 1600년대에 시작되었다고 봅니다. 그에 반해, 우리가 알고 있는 경제학은 애덤 스미스가 『국부론』 이라는 책을 쓰면서 시작되었죠. 『국부론』은 1776년에 초판이 발행되었습니다. 당연히 자본주의보다는 훨씬 늦게 나타난 것이죠. 그런데 왜 많은 학생들은 이 문제를 어려워할까요? 만약 여러분 중에 정답을 맞히지 못한 학생이 있어도 실망하지 마시기를 바랍니다. 여러분에게 좋은 변명거리를 제가 가지고 있으니까요.

만약 여러분 중에 경제학을 공부한 친구가 있다면 알 수 있을 것입니다. 경제학이라는 학문은 자본주의에 관해서는 가르쳐 주지 않습니다. 보통 처음 경제학을 접하게 되면 상품의 가격 결정에 관해 배우게 됩니다. 바로 수요공급법칙을 배우게 되는 것이죠. 수요곡선과 공급곡선이 마주치는 곳에서 가격이 결정된다는 사실을 배웁니다. 그리고 시장의 독점이나 과점에 대해서 배우고, 그것이 상품의 가격에 미치는 영향 등을 배웁니다.

그러나 자본주의에 관해서는 한 마디도 배울 수가 없습니다. 경제학을 배웠던 친구들조차 경제학과 자본주의가 관련이 있는지도 잘 모릅니다. 경제학을 공부하면서 자본주의에 대해 들어본 적이 없기 때문입니다. 그러다 보니 경제학을 열심히 공부한 친구들이 오히려 앞서 제가 낸 퀴즈를 틀리는 경우가 종종 있습니다. 경제학을 열심히 공부한 죄밖에 없는데 말이죠.

그렇다면, 왜 지금의 경제학은 자본주의를 가르쳐주지 않을까요? 애덤 스미스가 자신의 책인 『국부론』을 쓰면서 자본주의에 대해서 쓰지 않아서 일까요? 그렇지는 않습니다. 분명히 애덤 스미스는 『국부론』에서 자본에 관해 이야기합니다. 자본주의와 경제학이 다른 학문은 아니었으니까요.

경제학의 시작을 애덤 스미스의『국부론』으로 보면 경제학과 자본주의는 밀접한 관련을 맺고 있어야 합니다. 사실 동의어라 보아도 무방하죠. 하지만 애덤 스미스 이후에 경제학을 공부한 사람들은 경제학과 자본주의를 분리하고 싶어 합니다. 경제학을 다른 물리학이나 수학처럼 과학적 학문으로 만들고 싶었기 때문이죠. 그 결과, 경제학은 수학처럼 그래프를 사용하고, 수학으로 해석될 수 있는 시장(Market)부분에만 초점을 맞추게 되었습니다. 경제학이 해석해야 할 현실은 자본주의인데, 지금의 경제학은 그 반대로 수학이 사용될 수 있는 부분만 연구한 것이죠.

목적과 수단이 바뀌었다고 해야 될까요? 경제학은 더욱 과학적 학문처럼 보이게 되었지만, 현실과는 점점 멀어진 학문이 되었습니다. 우리가 경제학을 공부해도 현실에 존재하는 자본주의를 잘 모르는 이유이기도 하죠.

최초의 자본주의 설명서

『국부론』은 1776년에 출간되었습니다. 1776년이 얼마나 오래전인지 감이 잘 안 오죠? 1776년은 조선의 22대 왕인 정조(正祖, 1752~1800)가 즉위한 해이기도 합니다. 정조가 할아버지인 영조의 뒤를 이어서 왕이 된 해이죠. 당시 조선은 신분제를 기반으로 한 봉건사회였는데, 지구 반대편인 영국에서는 자본주의에 관한 책이 나온 것입니다.

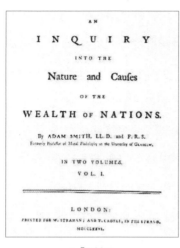
▲ 『국부론』

『국부론』은 현대 경제학의 출발점이 되는 책입니다. 애덤 스미스(Adam Smith, 1723~1790)가 유럽을 여행한 뒤에 기존에 존재한 경제학 이론을 비판적으로 검토해서 자신만의 새로운 경제학 이론을 만든 것이죠.

사실 당시는 완전한 자본주의 경제 시스템은 아니었습니다. 유럽 역시 토지를 기반으로 한 봉건제도가 중심이었죠. 하지만 당시 세상은 급격히 변화하고 있었습니다. 봉건사회는 점점 사라지고 있었고, 농업보다는 상업이 부각되던 시기였죠.

애덤 스미스는 그런 시대의 흐름을 잘 파악하고 있었습니다. 새로 도래할 시대는 다른 세상이 될 것이란 사실을 눈치챘죠. 바로 자본주의가 중심이 되는 세상을 본 것입니다.

당연히 『국부론』은 자본주의를 전제로 하여 경제를 이야기합니다. 애덤 스미스에게 경제는 자본주의와 동의어였습니다. 애덤 스미스는 『국부론』에서 자본주의의 기본적인 작동원리를 분석하려고 합니다. 애덤 스미스가 『국부론』을 쓰기 전 존재했던 경제학 이론들은 대부분 파편적이었기 때문입니다.

그런데 그것 아나요? 애덤 스미스는 경제학을 배운 적이 없다는 사실 말입니다. 어쩌면 당연한 이야기이기도 하죠. 애덤 스미스가 경제학을 다른 사람한테 배웠다면, 그는 경제학의 창시자가 될 수 없었겠죠. 그럼 애덤 스미스의 직업은 무엇이었을까요? 신기할 수 있겠지만, 애덤 스미스의 직업은 철학과 교수였습니다. 스코틀랜드에 있는 글래스고 대학교에서 도덕철학을 가르치는 교수님이었죠.

그는 이 세상이 어떻게 돌아가는지 항상 궁금해 했습니다. 도덕철학을 가르쳤기 때문에 인간과 세상의 관계를 궁금해 했었죠. 그는 수많은 사람들이 어떻게 사회라는 곳에서 다툼 없이 살고 있는지 궁금했습니다.

애덤 스미스는 그 이유를 인간의 본성 중 하나인 도덕에서 찾았습니다. 인간은 도덕을 갖고 있기 때문에 많은 사람들이 싸우지 않고 평화롭게 공존할 수 있다고 보았죠. 애덤 스미스는 이런 자신의 생각을 『도덕감정론』이라는 책에서 설명합니다.

『도덕감정론』이 사회의 질서를 인간의 본성 측면에서 설명한 책이라면, 『국부론』은 인간 사회를 구조적 측면에서 설명한 책입니다. 인간이 살고 있는 세상을 과학적인 관점에서 분석했습니다.

수많은 사람들이 『국부론』을 최고의 경제학 고전으로 뽑는 이유가 여기에 있습니다. 위대한 경제학자 케인즈(John Maynard Keynes, 1883~1946) 역시 자신에게 영향을 준 최고의 경제학 고전으로 『국부론』을 뽑았습니다. 모두 애덤 스미스의 통찰력에 감탄했기 때문입니다.

게다가 애덤 스미스가 『국부론』을 쓸 당시는 자본주의가 막 발전하던 시점이었습니다. 애덤 스미스가 분석한 세상이 자본주의 초기 모습이었다는 뜻이죠. 지금도 자본주의가 무엇이냐고 물으면 대답하기 쉽지 않은데 자본주의 초기에 자본주의에 대한 설명서를 집필했으니, 대단하다는 말 밖에는 나오지 않습니다.

나아가 그 후의 경제학자와 정치가들은 애덤 스미스의 이론을 발전시켜서 지금의 자본주의를 만듭니다. 결국 자본주의는 애덤 스미스의 『국부론』으로부터 시작되었다고 말할 수 있습니다.

2
엉뚱한 철학자인
애덤 스미스

애덤 스미스는 인간을 이기적으로 보았을까?

'호모 이코노미쿠스(Homo Economicus)'라는 말이 있습니다. 혹시 들어 보셨나요? 여러분이 대학교에 가서 경제학을 배우게 되면, 가장 먼저 배울 용어입니다. 이 말을 우리나라 말로 풀어 보면, 경제적 이익을 추구하는 인간이란 뜻이 됩니다. '호모'는 '보통 인간'을 뜻하는 단어입니다. '이코노미쿠스'는 경제를 의미하는 'economic'에서 왔죠. 이 단어가 중요한 이유는 지금 우리가 대학교에서 배우게 되는 경제학의 가장 큰 전제이기 때문입니다. 경제학은 인간의 먹고사는 문제를 연구하는 학문인데, 그 출발인 인간이 어떤 본성을 가졌는지 확정할 필요가 있었습니다.

현대 경제학은 인간을 합리적으로 보면서 인간은 그 합리성을 이용해 개인의 이익만을 추구하는 것으로 가정합니다. 즉 인간은 자신의 이익을 위해서 행동하게 되는데, 그 이익을 위해 지속적이고 일관된 행동을 한다는 것입니다. 개인의 이익만을 추구하는 이런 성향을 '이기적 본성'이라 하고, 그 이익을 지속적이고 일관되게 추구하는 성향을 '합리성'이라 합니다.

여러분의 생각은 어떤가요? 한 번 생각해 보죠. 인간은 이기적인 동물일까요? 분명 틀린 말은 아닌 것 같은데, 또 어떻게 생각하면 완전히 맞는 말도 아닌 것 같지 않은가요?

사실 인간에게는 누구나 이기적인 측면이 있습니다. 하지만 그와 반대로 이타적인 측면도 있죠. 실제로 경제학의 이 가정은 수많은 수학자나 경제학자에 의해 부정되고 있습니다. 인간의 본성을 한 가지로만 단정지을 수는 없다는 주장입니다.

영화 〈뷰티풀 마인드〉의 주인공인 '존 내쉬'라는 수학자도 이 가정이 틀렸다는 것을 이론적으로 증명했죠. 하지만 그런 반박에도 현대의 주류경제학은 인간이 이기적이고 합리적이라는 가정을 버리지 못합니다. 왜냐하면 이 가정이 있어야 인간의 행동을 예측할 수 있고 예측 가능해야 수학을 경제학에 접목시킬 수 있으니까요.

어쨌든, 현대 경제학에서 인간을 이기적이며 합리적으로 보는 가정은 매우 중요합니다. 그렇다면, 왜 현대 경제학은 인간을 이기적으로 보게 되었을까요? 바로 그 출발점에 애덤 스미스가 있습니다. 잠시 『국부론』의 한 대목을 보시죠.

우리가 매일 식사를 마련할 수 있는 것은 푸줏간 주인과 양조장 주인, 그리고 빵집 주인의 자비심 때문이 아니라, 그들 자신의 이익을 위한 그들의 고려 때문이다. 우리는 그들의 자비심에 호소하지 않고 그들의 자애심(이기심)에 호소하며, 그들에게 우리 자신의 필요를 말하지 않고 그들 자신에게 유리함을 말한다.

-『국부론』 중에서

이 대목은 애덤 스미스가 사람들이 시장에서 상품을 교환하여 생활할 수 있는 이유를 설명하는 부분입니다. 스스로 노동하여 생산한 상품을 교환해서 사용하면, 불필요한 노동을 하지 않고 살 수 있다는 뜻입니다. 그러면서 애덤 스미스는 그런 교환은 각자의 이기심만 있으면 이루어진다고 봅니다. 어쩌면 당연한 이야기처럼 들립니다.

애덤 스미스 이후의 경제학자들은 『국부론』의 이 부분을 갖고 인간은 이기적인 동물로 판단합니다. 그러면서 애덤 스미스 역시 인간을 이기적인 동물로 보았다고 주장하죠. 그런데 정말 애덤 스미스가 인간을 이기적으로만 보았을까요?

『도덕감정론』으로 유명해진 철학자

애덤 스미스는 평생에 걸쳐서 두 권의 책을 썼습니다. 첫 번째 책은 1759년에 출간된 『도덕감정론』이고, 두 번째 책은 1776년에 출간된 『국부론』입니다.

그 중 애덤 스미스는 첫 번째 책인 『도덕감정론』을 통해 명성을 얻었습니다. 이 책은 출간과 동시에 베스트셀러가 되었고, 애덤 스미스를 '철학자'라는 위치에 올려놓았습니다. 애덤 스미스의 묘비명 역시 '도덕감정론의 저자, 여기에 잠들다'입니다. 이는 애덤 스미스가 자신을 철학자로 인식하고 있음을 보여주는 것입니다.

『도덕감정론』은 애덤 스미스의 사상을 가장 잘 보여주는 책이라 짐작됩니다. 자신의 묘비명에서 자신의 책을 언급할 정도이니까요. 그렇다면, 애덤 스미스는 『도덕감정론』에서도 인간을 이기적으로 보았을까요? 한 번 『도덕감정론』의 내용을 살펴보죠.

애덤 스미스가 살던 18세기는 계몽주의 시대였습니다. 인류의 큰 전환점이 되는 시기였습니다. 우선 계몽주의의 의미부터 이야기해 볼까요? 여러분은 '계몽'의 뜻을 무엇이라고 생각하나요?

일반적으로 '계몽'은 무언가를 깨우치게 한다는 의미로 사용합니다. 모르던 것을 알게 하는 것입니다. 그렇다면 계몽주의 시대에는 사람들에게 무엇을 깨우치도록 했을까요? 정답은 단순합니다. 인간이 세상의 중심이라는 것을 깨우치게 하는 것이었습니다.

계몽주의 시대 이전까지 인간은 인류 문명의 중심이 아니었습니다. 인류 문명의 중심은 언제나 신(神, God)이었습니다. 신의 뜻을 파악하는 것이 인간의 운명이라고 생각했습니다. 모든 철학자들이 신의 존재를 확인하려 했고, 신의 가르침을 통해 깨달음을 얻으려고 했던 것입니다.

'왕권신수설'이란 말을 들어 보았나요? 신으로부터 왕의 통치 권한을 부여받았다는 뜻입니다. 백성을 통치하는 권한의 정당성을 '신'으로부터 얻었다는 의미입니다. 계몽주의 이전에 존재했던 대표적인 사상입니다. 그러다 큰 전환이 일어납니다. 인간 사회를 더 이상 신 중심으로 해석하려 하지 않게 되었습니다. 중요한 것은 인간 자체라는 것을 깨닫게 된 것입니다.

대표적으로 철학이라는 학문에서 전환이 이루어집니다. 가톨릭철학에서 정치철학으로 관점의 변화가 일어났습니다. 인간이 사는 사회를 새롭게 설명하려는 시도들이 등장합니다. 우리가 잘 알고 있는 '사회계약설'이 계몽주의의 시작을 알리는 이론입니다. 인간 사회가 어떻게 구성되었는지 그 기원을 설명하려 합니다.

애덤 스미스는 이런 계몽주의 시대의 영향을 받았습니다. 그 역시 사람들이 사회라는 곳에서 어떻게 질서를 이루면서 사는지 궁금해 했습니다. 특히 인간이 왜 도덕적으로 인정되는 행동을 하려하고

▲ 『도덕감정론』

도덕적으로 타당하지 않은 행동을 하지 않으려 하는지 연구했습니다. 애덤 스미스는 인간들이 갖고 있는 도덕이 사회의 질서를 유지시키는 원동력이라 판단했습니다.

애덤 스미스는 모든 인간들은 자신의 마음속에 '공평한 관찰자'를 갖고 있다고 보았습니다. 그것이 인간의 행동을 도덕적으로 만든다고 본 것입니다. 쉽게 이야기 한다면, 인간은 각

자의 양심이 있고 그 양심으로 인해 사회의 질서가 유지된다는 것입니다. 이 과정에서 때로는 개인에게 이득이 되지 않지만, 타인을 위한 행동을 하게 되는 경우도 있다고 본 것입니다.

어떤가요? 애덤 스미스가 인간을 이기적으로만 본 것 같은가요? 당연히 아닙니다. 명색이 철학자인데, 인간을 그렇게 단순하게만 생각했을 리가 없습니다. 『국부론』의 일부만을 가지고서 애덤 스미스가 인간을 이기적이라고만 보았다고 판단하는 것은 명백히 잘못된 해석입니다. 이는 애덤 스미스를 모욕하는 것입니다.

『도덕감정론』의 한 부분을 확인해 보죠.

인간이 아무리 이기적이라고 가정해도 인간의 본성에는 이와 상반되는 몇 가지 요소가 분명히 존재한다. 바로 이 때문에 인간은 바라보는 즐거움 이외에는 자신이 얻는 것이 없다고 해도 타인의 운명에 관심을 가지고 타인이 행복해지기를 바란다.

－『도덕감정론』 중에서

엉뚱한 면이 많은 애덤 스미스

현대 경제학은 인간을 합리적인 존재로 단정지어 생각합니다. 개인의 이익을 위해 지속적으로 일관되게 이익을 추구한다고 보는 것입니다. 그런데 정말 그런 사람이 존재할까요? 언제나 로봇처럼 똑같은 판단만을 하는 사람이 있을 수 있을까요? 이 질문은 우리가 애덤 스미스를 보아도 알 수 있을 듯합니다.

애덤 스미스는 1751년 그의 모교인 글래스고 대학교에서 논리학을 강의하기 시작했습니다. 그 다음해에는 도덕철학교수가 되었습니다. 겉으로 보기에 논리학과 철학을 공부한 애덤 스미스이니 무척 합리적이고 이성적인 인물이라 생각할 수 있습니다. 하지만 전해져 내려오는 일화를 보면 애덤 스미스는 우리의 생각과는 많이 다른 인물입니다. 오히려 사고뭉치에 실수투성이였던 인물로 알려져 있습니다.

토드 부크홀츠가 쓴 『죽은 경제학자의 살아 있는 아이디어』라는 책을 보면 애덤 스미스와 관련된 일화가 몇 가지 나와 있습니다. 도덕철학 교수라는 이미지와는 완전히 다른 애덤 스미스를 볼 수 있습니다.

한 번은 한밤중의 일이었다. 스미스가 잠을 자다 말고 집 밖으로 걸어 나와 무작정 걷기 시작했다. 그는 걷고 또 걸었다. 그렇게 24킬로미터를 걸었을까. 그는 교회 종소리에 정신이 번쩍 들었다. 나이트가운 차림에 새벽이슬을 맞으며 넋을 잃은 채 걷고 있는 자신을 발견한 당대 최고의 철학자는 사람들에게 들키지나 않을까 노심초사하며 허겁지겁 집으로 돌아왔다.

애덤 스미스에게 몽유병이 있지 않았을까 짐작되는 글입니다. 갑자기 잠을 자다가 길을 걷는다는 것이 일반적이지는 않죠. 이것 말고도 자신과 친한 어느 국회의원과 이야기를 하며 걷다가 이야기에 집중한 나머지 악취가 심한 웅덩이에 빠진 일화도 있습니다. 사람들이 그를 웅덩이에서 구해주니, 애덤 스미스는 "하는 일마다 되는 일이 없군."

이라며 신세한탄을 했다고 합니다.

재미있지요? 우리가 생각하는 논리학자나 철학자의 이미지하고는 많이 다르지요? 어쩌면 이것은 자연스러운 모습입니다. 인간은 언제나 다양한 측면의 모습을 갖고 있습니다. 애덤 스미스처럼 이성적인 사람도 항상 합리적일 수는 없습니다. 현대 경제학에서 인간을 합리적으로 보는 것이 얼마나 현실에 부합하지 않는지 애덤 스미스가 직접 몸으로 설명해준 듯합니다.

3
『국부론』은 무엇을 위한 책인가?

여행을 통해 얻은 지혜

만약 어떤 대학 교수가 한 학생의 과외선생님이 되기 위해 교수직을 그만두었다면, 여러분은 그 교수를 이해할 수 있나요? 저는 솔직히 이해하지 못하겠더군요. 정확히는 그 사실이 믿기지도 않았습니다. 한국에서 태어나고 자라서 그런지 대학 교수가 과외선생이 된다는 것이 이상하게 들리더군요. 더욱이 과외를 하기 위해 교수직을 내려놓는다는 것은 상상할 수도 없고요.

이 이상한 교수는 실제 존재하는 인물이었습니다. 경제학의 아버지라 불리는 애덤 스미스가 바로 그 주인공입니다. 애덤 스미스는 글래스고 대학교의 도덕철학 교수였습니다. 어느 날, 애덤 스미스는 영국의 국회의원이었던 찰스 타운센드(Charles Townshend)로부터 제안을 받았습니다. 자기 아들의 과외교사가 되어 같이 유럽여행을 해줄 수 있겠느냐는 제안이었습니다. 여행을 통해 자기 아들에게 귀족으로서의 교양과 품위를 가르쳐 달라는 것이었습니다.

애덤 스미스는 고민에 빠졌습니다. 그 제안을 받을 당시, 애덤 스미스는 글래스고 대학교에서 15년 정도 교수생활을 한 상태였습니다. 애덤 스미스는 『도덕감정론』을 출간한 후 특별한 학문적 진보를 이루지 못하고 있었습니다. 게다가 찰스 타운센드의 제안은 충분히 매력적이었습니다. 매년 300파운드의 봉급과 300파운드의 연금(1년을 기준으로 정하여 지급하는 봉급)을 추가로 지급하고, 모든 여행 경비를 지불해 준다는 조건이었기 때문이죠. 이는 대학교에서 교수로 일하면서 받는 봉급의 2배에 해당하는 금액이었습니다.

애덤 스미스는 결심했습니다. 교수직을 그만두는 것은 아쉽지만, 더 나은 미래를 위해서는 변화할 필요가 있다고 생각한 것입니다. 유럽을 여행하면서 당시 유명한 사상가들과 교류하고 싶은 욕심이 있었던 것입니다. 1764년, 애덤 스미스는 프랑스를 시작으로 유럽여행을 시작했습니다.

애덤 스미스는 프랑스와 스위스의 주요 도시들을 여행했습니다. 그곳에서 프랑스 철학자 볼테르(Voltaire), 미국의 정치가인 벤저민 프랭클린(Benjamin Franklin) 등과 접촉했습니다. 그 중에서 애덤 스미스에게 가장 영향력을 미쳤던 것은 바로 프랑스의 중농주의 경제학파 사람들이었습니다.

중농주의는 프랑수아 케네(Francois Quesnay)가 창시했는데, 중농주의 경제학파 사람들은 케네를 현대판 소크라테스라고 칭하면서 추앙했습니다.

당시의 경제는 상업이나 무역을 중시하는 '중상주의'와 농업을 중시하는 '중농주의'가 대립하던 시기였습니다. 애덤 스미스는 이 대립되는 경제사상 중 '중농주의' 학파의 논리가 더 설득력이 있다고 판단했습니다. 특히 무역을 통해서는 어떤 가치도 생산되지 않는다는 중농주의자들의 주장이 타당해 보였던 것입니다. 여러분은 이 말이 이해되나요?

예를 한 번 들어보죠. 여러분이 고구마 농사를 지었다고 해봅시다. 이 고구마를 팔기 위해서는 도매상에게 넘겨야 합니다. 도매상은 고구마를 1kg당 1천 원에 팔라고 합니다. 여러분은 딱히 다른 곳에 팔 수가 없으니 도매상에게 고구마를 팔 수밖에 없습니다. 도매상은 그렇게 구입한 고구마를 슈퍼마켓에다가 1kg당 2천 원에 팝니다. 도매상은 물건을 옮겨주고 1천 원의 이득을 챙긴 것입니다. 도매상은 이런 방식으로 이익을 추구합니다. 자신이 원생산자로부터 산 물건을 다른 곳에 넘기고 일정한 차익을 얻는 것입니다.

여러분은 이런 상황에서 누가 가치를 창출하고 있다고 생각하나요? 도매상인가요? 아니면, 고구마 농사를 지은 여러분인가요? 중상주의는 도매상들이 가치를 창출한다고 주장하고, 중농주의는 맨 처음 농사를 지었던 여러분들이 가치를 창출한다고 주장합니다. 애덤 스미스는 중상주의자들의 주장이 타당하지 않다고 생각했습니다. 도매상은 새로운 가치를 창조한 것이 아니라 타인이 창조한 가치를 옮겨왔을 뿐이라는 것입니다. 애덤 스미스는 상품의 가치는 상업을 통해서는 변화하지 않는다고 생각했습니다. 가치는 고구마 농사처럼 상품을 생산할 때만 발생한다고 본 것입니다.

애덤 스미스는 이런 중농주의자들의 주장을 검토하면서 국가의 부를 증가시키는 방법을 고민하고 『국부론』을 구상했습니다.

『국부론』의 본래 제목

애덤 스미스가 『국부론』의 저자라는 사실은 일종의 상식처럼 보입니다. 학생들 중에는 경제학의 아버지는 애덤 스미스이고, 그가 쓴 책이 『국부론』이라는 것을 함께 외우는 경향이 있더군요.

하지만 『국부론』이 무엇에 관한 책이냐고 물어보면 정확히 대답하는 친구들은 많지 않습니다. 보이지 않는 손에 대해 이야기한 책이라고 대답하기도 합니다. 뭐 틀린 말은 아닙니다. 『국부론』에 '보이지 않는 손'이란 말이 딱 한 줄 나오는 것도 사실이니까요.

『국부론』을 단순히 풀어보면, 국가의 부(富) 즉 국가의 재산에 관한 이야기라는 뜻입니다. 하지만 이런 정의로는 명확히 무엇에 관해 쓴 책인지 알 수 없습니다. 『국부론』이라는 제목은 영어 제목을 줄인 것인데, 원제는 〈An Inquiry into the Nature and Causes of the Wealth of Nations〉입니다. 이를 해석하면, 국가의 재산에 관한 성질과 원인에 대한 고찰이라 할 수 있습니다. 즉 국가의 전체 재산이 어떻게 하면 증가하는지 또는 국가의 재산을 증가시키려면 무엇이 필요한지를 연구한 책입니다.

그렇다면, 왜 애덤 스미스는 이런 문제에 관심을 가졌을까요? 이에 대한 해답은 당시의 영국의 상황을 살펴보면 알 수 있습니다. 영국은 18세기에 프랑스와 두 번의 전쟁을 치릅니다. 바로 식민지 전쟁입니다. 1757년 인도에서 한 번, 1759년 북아메리카 퀘벡에서 한 번입니다. 두 번의 전쟁에서 영국은 모두 승리합니다. 하지만 그 승리는 허울 좋은 승리일 뿐이었습니다. 왜냐하면 영국은 프랑스와 전쟁을 수행하기 위해 막대한 국가채권을 발행했기 때문입니다. 국가에 돈이 없어서 다른 국가나 사람들에게 차용증을 써주고 돈을 빌린 것입니다.

국가가 채권의 발행을 늘렸다는 것은 다른 말로 바꾸면 국가에 빚이 많아졌다는 의미입니다. 그렇다면 이 빚은 누가 갚아야 할까요? 왕이 갚아야 할까요? 아닙니다. 국가의 주인은 국민이니 국민이 갚아야 합니다.

국채의 발행이 늘자 영국은 국민들에게 막대한 세금을 부과했습니다. 게다가 돈을 빌려준 국가나 사람들에게 이자도 지급해야 했으니 세금은 점점 과도하게 부과됐습니다. 이렇게 세금의 부과가 심해지니 국민들은 아무리 열심히 일을 해도 가져가는 돈이 적을 수밖에 없었습니다. 경제 역시 점점 성장을 멈추고 하락하는 방향으로 돌아서게 됐습니다.

애덤 스미스가 『국부론』을 쓴 것은 어쩌면 당연해 보입니다. 애덤 스미스는 도덕철학 교수였기 때문에, 그의 관심은 언제까지나 인간에게 있었습니다. 이는 당시에 유행했던 계몽주의의 영향이기도 했습니다. 당시 계몽주의의 영향이기도 했습니다. 자신의 첫 번째 저서

인 『도덕감정론』에서, 그는 인간들이 사회에서 어떻게 질서를 유지하면서 살아가는 지에 대한 원인을 분석했다면, 『국부론』에서는 인간이 살고 있는 사회 자체를 분석합니다.

사회 자체의 부유함에 따라 그 사회에서 살아가는 사람들이 행복해지거나 불행해진다고 생각했기 때문입니다. 애덤 스미스는 가난해지고 있는 영국을 보면서 국가의 부유함과 가난함에 더욱 관심을 갖게 되었습니다.

그렇다면, 『국부론』은 누구를 위한 책인가?

혹시 여러분은 중립을 좋아하나요? 제가 학생들과 수업을 하다 보니, 많은 학생들이 상반된 견해로 대립되는 사안에 대해 중립을 지키려고 노력한다는 사실을 발견했습니다. 처음에는 참 신기하더군요. 자신의 의견을 내세우기 보다는 양쪽의 의견을 다 자신의 의견처럼 이야기했습니다. A와 B 두 친구의 다툼에서 누구의 잘못이 더 크냐고 물어도, 양쪽 모두에게 잘못이 있다고만 했습니다.

이런 현상을 보고 궁금한 점이 생겼습니다. '왜 학생들은 자신의 의견을 내세우지 않을까?'라는 의문이 들었습니다. 그래서 중립을 지키려는 학생에게 좀 더 집요하게 질문을 해봤습니다. 한 쪽을 택해야 한다면, 어느 쪽을 택할지 말이지요.

몇몇 학생들은 저의 추가 질문에 한 쪽을 택하기도 했지만, 대부분은 어느 한 쪽을 택하지 못했습니다. 중립을 지킨 학생들은 사실 자신의 의견이 없었던 것입니다. 중립을 지키는 학생일수록 어떤 문제의 현상을 표면적으로만 바라보는 경우가 많았습니다. 강자와 약자의 부당한 싸움에서도 약자에게 공감하지 못했습니다.

아마 중립적인 사람이 공정하다는 생각을 한 건지도 모르겠습니다. 그리고 공정한 사람이 이성적이고 객관적인 사람이라고 생각할 수도 있겠지요. 그런데 정말 그럴까요?

만약 현실의 모든 사람들이 똑같이 평등하다면, 한 쪽만의 잘못이라고 쉽게 얘기하지 못할 수도 있습니다. 하지만 현실의 모든 사람들은 절대 평등하지 않습니다. 언제나 강자와 약자의 대립이 존재합니다. 그래서 공정한 사람일수록 약자의 편에 서서 상황을 판단하는 경향이 있습니다. 이성적인 사람일수록 사태의 본질을 파악하려고 노력하지 중립을 지키려고 하지 않습니다.

제가 '중립' 이야기를 꺼낸 것은 바로 애덤 스미스의 『국부론』 때문입니다. 애덤 스미스는 도덕철학 교수였고, 논리학을 전공했습니다. 사회현상도 항상 객관적이고 이성적으로 바라보려고 노력했습니다.

『국부론』역시 사회현상을 객관적으로 바라보면서 집필했습니다. 사회의 어느 한 계급에 치우치지 않으려고 노력했던 것입니다. 그러면서, 애덤 스미스는 사회의 강자와 약자를 염연히 구별했습니다.

자본가와 노동자를 구별하고, 노동자는 사회에서 약자의 위치에 처해있다고 생각했습니다. 사람들은 노동자를 쉽게 비난하는데, 그것은 힘 있는 자본가의 속임수 때문이라고 말합니다. 힘없는 노동자들이 뭉치면 사람들의 관심이 쉽게 쏠리는 것과는 반대로 자본가들은 자신들의 이익을 위해서 뭉쳐도 사람들은 잘 모르는 경우가 많습니다.

그 결과, 항상 노동자만 자신의 이익을 위해서 뭉친다는 평가를 얻게 됩니다. 자본가들이 취하는 이익에 비하면 극히 작은데도 말입니다.

애덤 스미스가 『국부론』을 집필할 당시 영국은 빈부격차가 상당히 진행되었던 시기입니다. 18세기는 자본주의 초기인데, 농사를 짓던 많은 사람들이 도시로 내쫓기면서 빈민으로 전락하고 말았습니다. 그 결과, 빈민을 구제하기 위한 비용도 갈수록 증가했습니다.

빈민구제를 위해 영국 정부는 1696년에 40만 파운드를 지출했는데, 『국부론』을 출간할 당시인 1776년에는 150만 파운드를 지출해야 했습니다. 인간과 사회에 관심이 높았던 애덤 스미스에게 이러한 현실은 충격적이었을 것입니다. 강대국인 영국에 이렇게 빈민이 많다는 사실을 이해할 수가 없었을 것입니다.

애덤 스미스가 『국부론』을 통해 국가의 부를 증대시키는 방법을 고민한 것도 이런 현실과 무관하지 않습니다. 실제로 애덤 스미스는 『국부론』에서 "노동자들은 발전이 이미 끝난 국가에서는 먹고 살기가 힘들고, 오히려 계속 발전 중인 국가에서의 생활이 가장 풍요롭다."라고 말합니다. 국가가 부유해지는 것과 사회적 약자인 노동자의 생활의 관련성을 연결해서 생각한 것입니다.

이처럼 애덤 스미스는 『국부론』을 객관적이고 과학적으로 서술했지만, 중립적으로는 서술하지 않았습니다. 중립은 어떤 사안에 대해서 잘 모른다는 이야기 밖에 되지 않으니까요. 애덤 스미스는 어떤 경제학자보다도 열심히 공부했습니다. 그 누구보다도 자신의 생각이 뚜렷한 인물이었습니다.

4
왜곡된 애덤 스미스의
묘비명

수정된 묘비명

애덤 스미스는 평생 독신으로 살다가 1790년에 생을 마감했습니다. 스코틀랜드에서 태어났고 스코틀랜드 에딘버러에 묻혔다고 하는데요, 스코틀랜드가 어디 있는지 어떤 친구들은 스코틀랜드의 위치를 모르더군요. 그러다 보니 영국과 스코틀랜드의 관계를 쉽게 이해하지 못합니다.

다음의 지도를 보면 에딘버러라는 도시가 북쪽에 보일 것입니다. 바로 애덤 스미스가 묻혀있는 곳이죠. 그 옆에 글래스고라는 도시도 보이나요? 애덤 스미스가 도덕철학을 강의하던 대학교가 있던 곳입니다. 그런데 이상하지 않나요? 분명 애덤 스미스는 스코틀랜드 사람이라고 했는데, 지도에는 영국밖에 없습니다. 왜 그럴까요?

42

▲ 영국 지도

우리가 아는 영국이라는 나라는 잉글랜드, 스코틀랜드, 아일랜드, 웨일즈 4개국이 통합된 나라입니다. 영어로 United Kingdom이라 합니다. 잉글랜드와 스코틀랜드는 1707년에 합병되었습니다. 그 상태가 지금까지 유지되고 있는 것입니다. 우리가 쓰는 영국이라는 나라 이름은 유럽 대륙 옆에 있는 섬나라를 가르키게 된 것입니다.

앞에서 이야기 했듯이, 애덤 스미스는 에딘버러에 묻혀 있습니다. 그의 무덤 묘비명에는 '도덕감정론 저자, 여기에 잠들다'라고 적혀 있었습니다. 그런데 그 묘비명이 바뀌었다고 합니다. '도덕감정론의 저자'라는 글자는 지워지고, '사유재산은 인간의 고유한 권한'이라는 글귀가 새겨졌다고 합니다. 누가 그랬는지 봤더니, 애덤 스미스 재단에서 2001년에 묘비명을 바꾸었다고 합니다. 참 이해하기 힘든 일이더군요. 그들은 도대체 왜 그랬을까요?

묘비명의 의미

묘비명은 보통 그 인물의 인생을 대표할 수 있는 문장을 선택합니다. 죽기 직전 자신이 선택하기도 하고, 묘비명을 남기지 않았다면 주변에서 선택해 주기도 합니다. 이는 우리나라와는 다른 문화입니다. 대부분은 죽기 직전, 자신의 묘비명을 직접 결정한다고 합니다. 자신의 삶을 마무리하는 과정으로 생각하는 것입니다.

묘비명 중에는 재미있는 것이 많습니다. 가장 유명한 묘비명으로는 아일랜드 출신의 노벨문학상 작가인 버나드 쇼(George Bernard Shaw, 1856~1950)가 남긴 것이 있죠. 한 번쯤은 들어 봤을지도 모르겠습니다.

"우물쭈물 하다가 내 이럴 줄 알았다!"

버나드 쇼는 누구보다 장수한 인물입니다. 1800년대에 90살 이상을 살았으니 말이죠. 하지만 그런 자신도 죽음을 피하지 못하리라는 것을 알았나 봅니다. 언젠가는 묘비명을 선택해야 했죠.

버나드 쇼는 항상 위트와 재치가 넘치는 작가였다고 합니다. 묘비명 역시 그런 그의 성품을 그대로 보여줍니다. 죽음이라는 무거운 주제를 가벼우면서 재치 있게 표현했습니다. 그의 묘비명은 그런 재치 있는 문장을 만든 사람이 그곳에 잠들었다는 것을 한 번에 알 수 있게 해줍니다.

또 다른 유명한 묘비명으로는 마르크스(Karl Marx, 1818~1883)의 것이 있습니다. 자신의 저서 중 하나인 『공산당 선언』의 마지막 문구를 묘비명으로 선택했습니다.

"모든 국가의 노동자여, 단결하라!"

마르크스는 경제학, 철학, 역사학, 사회학 모든 분야에 막대한 영향력을 끼친 인물입니다. 하지만 그가 강조하고 싶었던 것은 단 하나였습니다. 노동자들이 인간다운 삶을 살아가는 세상을 만드는 것이었습니다. 마르크스의 묘비명은 그의 인생과 철학을 간결하게 보여줍니다.

이렇듯 묘비명은 한 인물의 인생을 보여줍니다. 한 인물이 후대에게 전하고 싶은 마지막 메시지이기도 한 것입니다. 그런데 애덤 스미스의 묘비명은 고쳐졌습니다. 그는 1790년에 사망했으니, 자신의 묘비명을 직접 고치라는 지시는 하지 못했을 것입니다. 분명 누군가가 의도를 갖고 고친 것입니다.

애덤 스미스는 여러분이 알고 있듯이 도덕철학 교수였습니다. 그의 첫 번째 저서 『도덕감정론』은 인간의 양심을 통한 사회질서 유지의 원리를 밝힌 것입니다. 그의 철학에서 인간은 항상 중심에 있었습니다.

그가 묘비명으로 『도덕감정론』을 선택한 것은 그만큼 자신의 철학을 그 책에서 보여주었기 때문입니다. 때문에 『국부론』 역시 『도덕감정론』을 기반으로 해석되어야 합니다. 평생 두 권의 책만을 남겼으니 당연한 이야기입니다.

애덤 스미스의 『국부론』은 현대 주류경제학의 기초가 되었습니다. 수많은 이론들이 그의 생각을 발전시켰습니다. 그런데 현재, 경제학은 어떤가요? 여전히 인간 중심의 경제학인가요? 아마도 대답하기 쉽지 않을 것입니다. 지금의 경제학은 수학을 통한 과학적 연구방법을 추구함으로 논리성만 강조하는 측면이 강하기 때문입니다. 경제학에서 인간은 이기적인 동물로 가정될 뿐입니다. 지금의 경제학은 분명 애덤 스미스의 『국부론』을 출발점으로 하였지만, 애덤 스미스가 꿈꾼 경제학과는 많이 달라져 있는 상태입니다.

현재의 경제학에는 애덤 스미스를 시작으로 수많은 위대한 경제학자들의 생각들이 담겨있습니다. 누군가가 쉽게 바꾸기는 불가능합니다. 지금의 경제학은 경제학의 아버지였던 애덤 스미스의 초기 생각과는 차이가 많습니다. 이는 경제학의 정당성에 문제가 되는 부분입니다. 그 학문의 창시자를 무시할 수는 없으니까요.

이런 측면에서 바라보면 애덤 스미스의 묘비명이 바뀐 것은 쉽게 이해할 수 있습니다. 경제학 자체를 바꾸지 못하니 애덤 스미스의 묘비명이라도 바꾸자는 것이었습니다. 이러한 행동을 통해 자신들이 만들어 놓은 현재의 경제학에 정당성을 부과할 수 있다고 생각했나 봅니다. 손바닥으로 하늘을 가리려는 격입니다.

왜곡된 자본주의

애덤 스미스의 『국부론』이 출간된 지는 200년이 훌쩍 넘었습니다. 그 시간동안 많은 변화가 있었습니다. 그동안 대부분의 국가는 자본주의를 선택했습니다. 자본주의를 거부하고 공산주의를 선택했던 국가들도 다시 자본주의로 복귀했습니다.

우리나라도 자본주의를 선택한 나라입니다. 일제 강점기를 거치면서 일본으로부터 자본주의를 이식받았습니다. 일본이 우리나라에서 자신들의 침략전쟁을 준비하면서 자본주의가 들어왔습니다. 전쟁 무기를 만들기 위해서 공장을 대거 세우게 되면서 말이죠.

해방 후, 우리나라는 미국과 러시아의 신탁통치를 받으면서 남북으로 분단됐습니다. 북한은 러시아를 통해 공산주의를 시작했고, 우리나라는 미국을 통해 자본주의를 시작했습니다. 그 결과 우리나라는 현재, 고도화된 자본주의 국가가 됐습니다.

자본주의는 장점과 단점을 모두 갖고 있습니다. 하지만 공산주의 이념과 반대 이념으로 규정되면서 그동안 자본주의를 추앙하기에 바빴습니다. 공산주의를 '악'으로 설정했기 때문에, 자본주의의 장점만을 부각시킨 것입니다. 그러다 보니 우리나라는 자본주의의 단점에는 너무 어두워졌습니다. 지금 우리 곁에서 일어나고 있는 수많은 문제들이 자본주의와 관련되어 있다는 사실을 깨닫지 못하는 경우가 많은 것도 그와 무관하지 않습니다. 이는 자본주의의 장점만을 배웠기 때문입니다.

애덤 스미스는 『국부론』에서 자본주의를 이야기합니다. 자본주의의 원리를 분석하고, 그것을 통해 국가의 부를 증진시키는 방법을 고민합니다. 그의 분석은 여전히 유효합니다. 자본주의는 더 발전했지만, 본질은 달라지지 않았으니까요.

애덤 스미스는 자본주의 시스템을 잘 이용하면 국가가 부유해질 것이라고 보았습니다. 그런 부유함이 모든 사람에게 골고루 분배된다면, 빈부격차 역시 해결되리라 생각한 것입니다. 이런 그의 생각과 현재 상황은 많이 달라졌습니다. 그의 묘비명을 바꾼 사람들이 있듯이 그의 생각도 현재에는 많은 사람들에 의해 다른 모습이 되었습니다.

만약 사람들이 그의 생각을 어떻게 바꾸어 놓았는지 알 수 있다면, 우리는 현재의 자본주의를 더 선명하게 알 수 있을 것입니다. 이는 우리가 역사를 배우는 것과 같은 이유입니다.

우리가 살고 있는 현재는 과거를 원인으로 한 결과입니다. 현재를 알고 싶으면 과거를 보아야 합니다. 자본주의 역시 마찬가지입니다. 애덤 스미스가 꿈꾼 자본주의를 파악하고 난 뒤, 현재까지 자본주의에서 일어난 변화를 살펴본다면, 현재 우리가 처한 문제들의 원인을 정확히 볼 수 있을 것입니다.

경제학은 애덤 스미스 이후부터 지금까지 현실 세계에 많은 영향을 미쳤습니다. 이 세상은 우리가 잘 모르는 경제학자들의 생각에 분명 많은 영향을 받았을 것입니다. 그중에서 애덤 스미스는 이 세상에 가장 강력한 영향을 미친 경제학자입니다. 사람들이 애덤 스미스를 경제학의 아버지로 부르는 이유이기도 합니다.

애덤 스미스가 교수를 그만두고 유럽 여행을 떠났듯이, 우리도 지금부터 그의 생각을 따라 여행을 떠나보죠.

현재의 주류경제학은 무엇인가?

경제학에는 여러 분파가 있습니다. 고전학파, 마르크스 경제학, 케인즈 주의 등이 그 예입니다. 우리가 일명 '주류 경제학'이라고 부르는 경제학은 신고전학파 경제학을 의미합니다. 이는 고전학파를 기반으로 새롭게 발전시킨 경제학파라는 뜻입니다.

고전학파는 말 그대로 애덤 스미스로부터 시작되는 가장 오래된 학파입니다. 그 뒤 『인구론』의 멜서스와 『지대론』의 데이비드 리카도, 『정치경제학 원리』의 존 스튜어트 밀에 의해 완성된 학파입니다.

신고전학파는 이런 고전학파의 경제이론을 기반으로 하면서, 수학적 방법론을 대거 도입합니다. 경제학을 과학적 학문으로 탈바꿈하기 위해서 말입니다. 현재, 이 신고전학파 경제 이론이 전 세계에서 가장 큰 영향력을 가집니다. 주류 경제학이 된 것입니다.

고전학파 경제학은 '정치경제학'이라는 이름으로 불렸습니다. 경제학은 정치와 밀접한 관련이 있기 때문입니다. 이것은 지금도 유효합니다. 하지만 수학을 도입한 신고전학파는 정치경제학에서 '정치'를 제거해 버립니다. 과학적 방법을 통해 사회를 연구하겠다는 의도입니다. 물론 수학의 과도한 사용이 수많은 한계를 등장시키고 있기도 합니다.

마르크스 경제학은 고전학파로 불리지만, 애덤 스미스와는 다른 이론을 기반으로 합니다. 애덤 스미스가 경제를 조화로운 자연으로 보았다면, 마르크스는 경제를 인간의 탐욕이 지배하는 정글로 보았습니다. 인간이 다른 인간을 파괴할 수 있다고 본 것입니다.

현재에는 신고전학파 내에서 케인즈 학파나 제도주의 학파 등이 존재하고, 마르크스 경제학은 신고전학파와는 다른 독자적인 이론체계를 갖고 있습니다. 마르크스 경제학은 『자본론』을 기반으로 하고 있습니다. 마르크스 경제학은 비주류경제학의 대표이기도 합니다.

|생각이 자라는 질문 01|

- 애덤 스미스는 경제를 '조화로운 자연'으로 보았고, 마르크스는 경제를 '인간의 탐욕이 지배하는 정글'로 보았습니다. 여러분의 의견은 어떤가요? 애덤 스미스의 주장이 맞는 것 같나요, 마르크스의 주장이 맞는 것 같나요?

이 의견을 뒷받침할 수 있는 근거에 대해서도 생각해 봅시다.

Part
02

자본주의의
핵심인
노동과
분업

1
인간의 노동이
가치를 만들다

황금과 상품 중 무엇을 선택할 것인가?

황금만능주의라는 말이 있습니다. 국어사전에 '돈만 있으면 무엇이
든지 마음대로 할 수 있다는 사고방식이나 태도'라고 나와 있습니다.

이런 황금만능주의 태도는 일반적으로 비판받습니다. 인간을 중요
시하지 않는다는 이유도 있고, 돈으로 할 수 없는 것이 더 많기 때문
이기도 합니다. 그럼에도 현실을 보면 돈으로 할 수 없는 것보다는 할
수 있는 것이 더 많아 보입니다. 특히 자본주의가 발전할수록 돈으로
할 수 있는 것은 점점 많아지는 것처럼 보입니다.

그런데 황금만능주의의 사전적 정의에서 이상한 점을 발견하지는
못하셨나요? 분명 황금만능주의는 황금이 최고라는 의미인데, 국어
사전에서는 황금이 아닌 돈이 최고라고 적혀 있습니다. 분명 국어사

전의 정의라면 '돈만능주의'가 되어야 할 것 같은데 말이죠. 황금과 돈을 유사하게 본 것일까요?

이러한 의문은 화폐의 기원을 알면 쉽게 풀립니다. 왜 '돈만능주의'가 아닌 '황금만능주의'가 되었는지 말이죠.

현재 우리가 사용하고 있는 돈은 대부분 종이 지폐입니다. 동전도 있지만 어디까지나 지폐를 보완하는 역할일 뿐입니다. 그렇다면, 자본주의의 초기부터 지폐가 사용되었을까요? 조선시대 사극을 한 번 생각해 보죠. 조선시대에는 상평통보 같은 엽전을 화폐로 사용했습니다. '철'이나 '동'을 주재료로 하여 만든 것입니다. 이런 엽전은 지금의 지폐와는 다르게 무거워서 사용하기가 불편했습니다.

자본주의가 시작된 유럽도 마찬가지 상황이었습니다. 최초의 화폐는 금이나 은을 주재료로 하여 만든 금화나 은화였습니다. 콜럼버스(Christopher Columbus, 1451~1506) 같은 유럽인들이 신대륙을 발견하려고 노력한 것도 이런 금이나 은을 발견하기 위한 목적이 있었기 때문입니다. 금이나 은이 있어야 화폐를 만들 수 있고, 그렇게 만든 화폐가 많아지면 부자가 된다고 생각한 것입니다.

이런 상황이다 보니, 금과 돈(화폐)은 동의어로 사용되었습니다. 금이 곧바로 화폐가 되었으니 금과 화폐를 똑같은 가치를 지닌 물건으로 본 것입니다. 우리가 '돈만능주의'가 아닌 '황금만능주의'라고 부르는 이유도 황금과 돈이 다르지 않다는 유럽 사람들의 생각 때문입니다.

▲ 콜럼버스(Christopher Columbus, 1451~1506) 신대륙 발견

그렇다면, 정말 황금이 많아지면 부자가 될 수 있을까요? 제 질문은 너무나 당연해 보입니다. 황금과 돈이 다르지 않으니, 돈이 많으면 부자가 된다고 생각할 수 있습니다. 특히 지금 현실에서 이 질문은 물어보나 마나입니다.

황금이 많아야 부자가 된다는 생각은 과거에도 존재했습니다. 특히 상업을 중시하는 중상주의(重商主義)자들의 생각이 이와 같았습니다. 그들은 '상업을 통해 많은 금과 은을 획득하면 나라가 부유해진다'고 믿었습니다. 하지만 애덤 스미스는 너무나 당연해 보이는 이런 중상주의자들의 생각을 비판했습니다. 애덤 스미스는 왜 이들을 비판했을까요? 우선 애덤 스미스는 그들이 이익을 창출하는 과정을 비판적으로 봤습니다. 중상주의자들이 정부와 결탁하여 자신들의 이익을 추구하다 보니, 시장의 자유를 훼손하게 된다는 것입니다. 시장의 자유를 외친 애덤 스미스였기 때문에 이런 비판은 충분히 이해할 수 있습니다.

그러나 애덤 스미스의 비판은 멈추지 않았습니다. 애덤 스미스는 중상주의자들의 생각 자체가 틀렸다고 비판합니다. 중상주의자들이 갖는, 금을 통해 부유한 국가가 될 수 있다는 생각을 애덤 스미스는 틀렸다고 했습니다. 애덤 스미스는 한 국가에 금이 아무리 많이 있어도 그 국가를 부유하게 만들 수는 없다고 주장합니다. 그렇다면, 애덤 스미스는 무엇이 많아야 부유한 국가가 될 수 있다고 본 것일까요?

상품이 많은 국가가 부유하다

애덤 스미스는 인간을 중요하게 생각한 철학자였습니다. 언제나 인간을 중심에 두고 생각했습니다. 그는 부유한 국가 역시 인간을 중심으로 정의했습니다.

애덤 스미스에게 부유한 국가란 황금이 많은 국가가 아닌, 그 나라 국민이 풍요롭게 살 수 있는 국가였습니다. 인간은 배고프지 않을 정도의 식량과 추위를 막아줄 옷, 그리고 잠을 잘 수 있는 집이 충분하면 풍요롭다고 느낍니다. 그렇기 때문에 애덤 스미스는 부유한 국가란 황금이 아니라 상품이 풍부한 국가라고 생각했습니다.

사실 이런 애덤 스미스의 생각은 당연해 보입니다. 우리가 아무리 많은 황금이나 돈이 있어도 그것을 사용하지 못하면 아무런 소용이 없습니다. 황금은 길거리에서 보이는 돌덩이와 같아지고, 돈은 그림이 그려진 종잇조각이 될 뿐입니다. 현실적으로 인간의 삶에 도움을 주지 못하는 것입니다.

그럼 부유한 국가에는 황금이나 돈이 풍부하지 않을까요? 또 그렇지는 않습니다. 부유한 국가는 상품이 풍부한 만큼 황금이나 돈도 풍부합니다. 왜 그럴까요? 여러분이 화폐의 역할을 알면 쉽게 이해할 수 있습니다.

화폐는 교환의 편리성을 위해 등장했습니다. 화폐의 등장 이전에는 물건과 물건을 직접 들고 가서 교환했습니다. 쌀 10가마니와 비단 50포의 가치가 같을 경우, 그 두 물건을 교환하기 위해서는 많은 사람들이 필요했습니다. 불편한 것은 두 말할 필요도 없습니다.

이런 불편을 해소하기 위해 화폐가 등장했습니다. 화폐만 있으면 쌀 10가마니와 비단 50포를 언제든지 교환할 필요가 없습니다. 화폐만 들고 가면 쌀 10가마니와 교환할 수 있었습니다. 화폐로 가치를 따질 수 있게 되어서 화폐만 있으면 언제든지 다른 물건도 쉽게 구입할 수 있게 됐습니다.

교환에 화폐가 사용되면서, 많은 상품을 교환하기 위해 많은 화폐가 필요하게 됐습니다. 자연스러운 현상입니다. 사람들 사이에서 많은 교환이 이루어지려면, 상품 역시 풍부해야 합니다. 이와 같은 과정에서 핵심은 상품이 풍부해야 한다는 것입니다. 화폐는 상품을 교환하기 위해 존재하는 도구일 뿐입니다.

중상주의자들이 황금이 많은 국가를 부유한 국가라고 생각했던 것은 이런 화폐의 역할을 몰랐기 때문입니다. 부유한 국가를 관찰하니 막연히 황금이 많아 보였던 것입니다. 때문에 황금이 한 국가의 부유함을 결정한다고 보았던 것입니다. 황금이 많아진 것은 그 나라의 상품이 많아졌기 때문이라는 사실을 모른 채 말입니다.

결국 중요한 것은 애덤 스미스가 강조한 상품입니다. 인간은 상품이 있어야 살 수 있고, 상품이 많아야 풍요로움을 느끼게 됩니다. 그렇다면, 이런 상품은 어떻게 해야 많아질까요? 이 질문에 대한 해답이 바로 자본주의의 핵심을 보여줍니다.

노동이 가치를 만들다

많은 사람들이 자본주의를 찬양합니다. 자본주의가 인류의 빈곤을 해결했다고 판단하기 때문입니다. 실제로 자본주의가 발전하면서 생활의 기본적 필수품을 구입할 수 있는 여력을 보여주는 '절대적 빈곤율'은 개선됩니다. 더 많은 상품이 시장에 공급되었고, 더 많은 사람들이 그 상품을 구입할 여유가 생긴 것입니다.

그렇다면, 상품의 어떤 요소가 사람들의 빈곤을 해결해 준 것일까요? 이는 상품의 본질적인 측면에 관한 질문입니다. 쉽게 생각해서 우리가 상품을 구입하는 이유는 그 상품이 우리에게 필요하기 때문입니다. 추위를 막기 위해 옷을 사고, 배고픔을 해결하기 위해 음식을 구입합니다. 상품은 본질적으로 인간의 삶에 도움을 줍니다. 그런 상품의 본질 때문에 자연에 존재하는 물건과 상품이 구별되는 것입니다.

이런 상품의 본질을 애덤 스미스는 '사용가치'라고 부릅니다. 어떤 물건이 상품일 수 있는 이유도 바로 이런 사용가치를 갖기 때문입니다. 인간은 상품에 포함된 사용가치를 이용하고, 그 결과로 보다 풍요로운 삶을 살 수 있습니다.

마르크스의 『자본론』에서도 상품의 사용가치를 언급합니다. 마르크스는 상품에 내재한 가치를 분석해서 자본주의의 본질을 파악하려고 시도했습니다. 이는 애덤 스미스가 제시한 상품의 사용가치, 교환가치 개념을 수용하여 발전시킨 결과입니다. 마르크스는 애덤 스미스의 『국부론』을 가장 정확히 비판하고 분석한 인물입니다.

다시 애덤 스미스로 돌아오겠습니다. 애덤 스미스에 따르면 상품은 사용가치를 갖는다고 합니다. 그 사용가치로 인해 시장에서 교환이 이루어집니다. 사람들 역시 상품의 사용가치를 보고 상품을 교환할지 말지를 결정합니다. 물론 교환을 위한 협상에 들어가면, 그 상품의 '사용가치'가 아닌 '교환가치'를 평가합니다. 그 상품이 다른 상품과 비교해서 어느 정도의 가치를 지녔는지 판단하려는 것입니다. 이런 교환가치는 사용가치와 다른 개념인데 한 상품이 다른 상품과의 관계 속에서만 등장하는 가치입니다. 화폐는 이 교환가치를 숫자로 보여주는 역할을 할 뿐입니다.

앞에서 보았듯이 어떤 물건이 상품이 되기 위해서는 가치가 필요합니다. 그 가치는 사용가치여야 합니다. 물건이 상품이 되는 이유는 사용가치 때문입니다. 애덤 스미스의 '상품이 많아야 부유해진다는 것'은 다른 말로, '한 사회가 많은 가치를 갖고 있다면 부유하다'는 의미입니다. 결국 중요한 것은 가치입니다. 자본주의가 상품의 생산을 폭발적으로 증가시켜서 빈곤을 해결했다는 것 역시 한 사회에 가치가 많아지면 빈곤은 해결된다는 의미입니다.

그렇다면, 이렇게 상품에 부과되는 가치는 어디에서 나왔을까요? 자본주의가 시작된 이후, 넓게는 인류의 역사가 시작된 이후를 보면 모든 상품의 가치는 노동으로부터 나왔다는 것을 알 수 있습니다. 여전히 변함없는 사실입니다.

애덤 스미스와 마르크스 둘 다 노동이 상품에 가치를 부과한다는 사실을 인정합니다. 이를 소위 '노동가치설'이라고 부릅니다. 다만 애덤 스미스는 평면적으로 노동이 가치를 부과한다는 사실만을 언급했고, 마르크스는 애덤 스미스의 이론을 발전시켜 자본주의의 양극화 문제를 노동가치설과 연결하여 설명합니다. 자본가가 노동자들이 만든 가치를 착취하고, 부를 축적한 결과로 양극화가 심해졌다고 봅니다.

사실 애덤 스미스의 관심은 마르크스와는 달랐습니다. 애덤 스미스가 『국부론』을 쓸 당시는 자본주의의 초기였고, 자본주의로 인한 사회문제가 심각하게 등장하지 않은 시기였습니다. 자본주의의 장점이 주로 부각되는 시기였기 때문에, 애덤 스미스는 그 장점을 어떻게 하면 크게 만들지 고민한 것입니다. 즉 인간이 노동을 통해 상품에 부과하는 가치를 어떻게 하면 더 크게 만들지가 그의 연구과제였습니다.

『국부론』 1장 1편도 이런 애덤 스미스의 관심을 보여줍니다. 자본주의가 어떻게 이 세상을 부유하게 만들지 보여줍니다. 특히 그 핵심이 무엇인지부터 설명합니다.

2
분업이 자본주의를
발전시킨다

우리나라 속담의 지혜

'백지장도 맞들면 낫다!'는 우리나라 속담이 있습니다. 어떤 일이든지 혼자보다는 협력하면 쉽게 할 수 있다는 뜻입니다.

저는 이 속담이 조선시대 우리 선조들의 삶의 지혜를 그대로 보여 준다고 생각합니다. 조선시대는 봉건시대였습니다. 양반들이 대부분의 땅을 소유하였고 일반 백성은 양반들의 땅을 빌려서 농사를 짓거나 양반의 노비가 되어 농사를 지었습니다. 때문에 시장경제가 발전할 수 있는 상황이 아니었습니다.

기본적으로 시장경제가 발전하려면 자신의 생활을 충족하고도 남는 상품이 있어야 합니다. 하지만 남의 땅에서 농사를 짓는 입장에서는 소작료를 내기 바쁩니다.

그러니 시장에서 교환할 상품들이 존재하지 않는 것은 당연했습니다.

5일장이니 7일장이니 하는 것도 이런 이유 때문이었습니다. 시장이 항상 개설되기 힘든 구조였던 것입니다. 게다가 상인이 되려면 일반적으로 국가의 허가도 필요했습니다. 아무나 시장에서 장사를 할 수 없는 구조였으니, 자연스럽게 자급자족의 문화가 형성됐습니다.

조선의 자급자족문화는 상호협력을 강조합니다. 한 개인이 모든 일을 하기 힘드니 여러 명이 자신의 일처럼 도와줍니다. 두레와 품앗이 같은 제도가 등장한 이유이기도 합니다.

사람들은 이런 현상을 보고 조선시대에는 사람들 사이에 '정(情)'이 많았다고 생각합니다. 일종의 이타심이 강했다는 뜻입니다. 물론 이 말이 틀린 말은 아닙니다. 지금도 시골에 가면 도시와는 다른 어르신들의 인심을 느낄 수 있습니다. 자급자족 경제가 가져다 준 현상으로 보입니다.

'백지장도 맞들면 낫다'는 속담 역시 이런 조선시대의 자급자족 경제를 기원으로 합니다. 우리는 일반적으로 이 속담에서 협력의 소중함을 배우고, 인간 사회에서 이기심보다는 이타심의 소중함을 찾으려고 합니다.

하지만 이 속담에는 새로운 숨은 뜻이 있습니다. 바로 '분업'의 중요성입니다.

분업의 중요성을 강조한 애덤 스미스

분업의 사전적 정의를 찾아보면, '여러 사람이 일을 나누어서 하는 것'이라고 나옵니다. 어떤 친구들은 이런 분업의 정의와 '백지장도 맞들면 낫다'라는 속담이 무슨 관계냐고 합니다. 분업은 일을 나누어서 하는 것이고, '백지장도 맞들면 낫다'라는 속담은 협력을 의미하는 것이므로 달라 보이기 때문입니다. 그런데 이 속담이 꼭 협력만을 강조한 것일까요?

우리 눈에 보이는 현상은 감각적으로는 하나일 수 있지만, 그에 대한 해석은 항상 여러 가지로 존재합니다. 예를 들어볼까요? 안개가 자욱하게 긴 새벽에 농부가 논길을 걷고 있다고 상상해 봅시다. 그 광경을 지켜본 사람은 아름다운 농촌을 상상할 수도 있을 것이고, 농부의 부지런함에 감탄할 수도 있을 것입니다. 저도 그런 생각부터 들었습니다. 하지만 입장을 바꾸어 보면 많은 것이 달라집니다.

안개가 자욱한 상황에서 좁은 논길을 걷고 있는 농부의 입장이 되어 볼까요? 농부의 마음은 어떨까요? 농부는 어쩌면 피곤한 몸을 이끌고 새벽부터 일어났을지 모릅니다. 눈꺼풀은 자꾸만 감기는데, 안개까지 자욱하니 앞이 제대로 보일 리가 없습니다. 자칫 잘못하면 논길 옆으로 떨어질 수도 있습니다. 농부에게는 농촌의 아름다움이 느껴질 리가 만무하고, 자신의 부지런함에도 감탄하지 않을 것입니다. 분명 똑같은 현상인데도 그 현상의 해석은 180도 다릅니다.

'백지장도 맞들면 낫다'라는 속담도 이와 유사합니다. 협력을 강조한 것으로 볼 수도 있지만, 분업을 강조한 것으로 볼 수도 있습니다.

한 명은 백지장을 왼쪽에서 들고, 다른 한 명은 백지장을 오른쪽에서 들었다고 생각할 수 있습니다. 서로 익숙한 쪽에서 백지장을 들다보니, 혼자서 들 때보다 더 빠르고 안전하게 백지장을 옮길 수 있는 것입니다.

『국부론』 1장 1편의 제목이 바로 '분업'입니다. 애덤 스미스가 『국부론』에서 가장 중요하게 생각한 부분이기도 합니다. 애덤 스미스는 '분업'을 왜 그렇게 중요하다고 했을까요?

현재의 관점으로 분업은 일반적인 현상입니다. 노트 한 권을 만들때도 혼자서 다 만드는 경우는 없습니다. 누구는 노트의 종이를 만들고, 누구는 그 종이에 줄을 긋습니다. 하나의 상품을 만들어도 여러 명이 나누어서 일을 처리합니다. 애덤 스미스가 살던 18세기에는 이러한 분업이 일반적이지 않았습니다. 당시 유럽의 농촌에서는 물건 하나를 만들어도 혼자서 다 담당해야 했습니다. 우리나라처럼 두레와 품앗이가 존재하지도 않았습니다.

애덤 스미스는 분업이 없는 작업을 비효율적으로 보았습니다. 혼자 일을 하는 것보다 여러 명이 나누어서 일을 하는 것이 훨씬 빠르다는 사실을 알았던 것입니다.

애덤 스미스는 『국부론』에서 핀 제조 과정을 예로 들면서 설명합니다. 잠시 그의 이야기를 들어보죠.

이 업종(핀 제조)에 관한 교육을 받지 않고, 거기에서 쓰이는 기계의 사용에 익숙하지 않은 노동자는 아무리 열심히 일하더라도 아마 하루에 한 개의 핀도 만들 수 없을 것이며, 하루에 20개의 핀은 도저히 만들 수 없을 것이다.

그러나 이 업종이 지금 운영되고 있는 방식을 보면, 작업 전체가 하나의 특수한 직업일 뿐만 아니라, 그 작업이 다수의 부문으로 분할되어 그 각 부문의 대다수가 마찬가지로 특수한 직업으로 되고 있다.

첫 번째 사람은 철사를 잡아 늘이고, 두 번째 사람은 철사를 곧게 펴며, 세 번째 사람은 철사를 끊고, 네 번째 사람은 끝을 뾰족하게 하며, 다섯 번째 사람은 대가리를 붙이기 위해 끝을 문지른다. 대가리를 만드는 데도 두세 가지의 다른 조작이 필요하다. 대가리를 붙이는 것, 핀을 휘게 하는 것, 핀을 종이로 싸는 것 모두가 하나의 전문 직업들이다.

이처럼 핀을 만드는 중요한 작업은 약 18개의 직공들이 나누어서 하고 있고, 다른 공장에서는 한 직공이 두세 가지 조작을 담당하고 있다.

나는 이러한 종류의 작은 공장을 본적이 있다. 거기에는 10명만이 고용되어 있었고, 따라서 약간의 노동자들은 두세 가지 서로 다른 조작을 하고 있었다. 그들은 매우 빈곤했고, 따라서 필요한 기계를 거의 가지지 않았지만, 그들은 힘써 일할 때 하루 약 12파운드(5.4kg)의 핀을 만들 수 있었다. 1파운드는 중간 크기의 핀 4,000개 이상이 된다. 그러므로 10명이 하루에 48,000개의 핀을 만든 셈이 된다.

그러나 그들이 각각 독립적으로 완성품을 만든다면, 그리고 그들 중 누구도 이 특수 업종의 교육을 받은 적이 없었다면, 그들 각자는 분명히 하루에 20개도 만들 수 없을 것이며, 어쩌면 하루에 1개도 만들 수 없을지도 모른다.

- 『국부론』 중에서

애덤 스미스는 분업으로 작업을 하면, 분업을 하지 않는 것과 비교해서 10배 이상의 핀을 만들 수 있다고 합니다. 분업의 높은 효율성을 강조한 것입니다. 그렇다면 분업은 어떻게 효율성을 높일 수 있을까요? 산술적으로는 혼자 만들 때와 여러 명이 만들 때 사이의 차이가 없어야 할 텐데 말입니다. 이에 애덤 스미스는 그 이유를 이렇게 설명합니다.

애덤 스미스는 우선 분업은 노동자가 한 가지 일만 전담하게 되므로 그 일의 숙련도가 높아진다고 합니다. 또한 한 가지 일로부터 다른 일로 옮길 때 허비되는 시간도 절약할 수 있다고 합니다. 마지막으로 분업은 노동자의 작업을 단순하게 만들기 때문에 그런 단순한 일을 대체할 수 있는 기계의 발명이 쉬워진다고 합니다.

이런 이유로 분업의 효율성이 높아질 수밖에 없다고 이야기 합니다. 지금이야 분업이 일반적인 현상이 되었지만, 애덤 스미스가 살던 자본주의 초기에 분업은 획기적인 생각이었습니다.

국가의 부를 증가시키기 위해서 필요한 분업

애덤 스미스는 분업을 강조합니다. 자신의 저서인 『국부론』의 제일 맨 앞에서부터 분업을 이야기한 것도 그 중요성을 강조하기 위해서입니다. 그럼 애덤 스미스는 왜 그렇게 분업을 강조한 것일까요? 단순히 상품 생산의 효율성 때문일까요?

애덤 스미스는 자본주의 핵심을 노동으로 보았습니다. 인간의 노동만이 상품의 가치를 만들 수 있고, 그런 가치 있는 상품이 많아지면 자연스럽게 국가의 부도 증가한다고 보았습니다.

결국 자본주의의 핵심은 노동의 가치입니다. 이 노동의 가치가 증가해야만, 자본주의가 발전할 수 있다는 것입니다. 『국부론』에서 노동의 가치보다 분업을 먼저 이야기한 이유도 분업만이 노동의 가치를 획기적으로 증가시킬 수 있기 때문입니다.

앞에서 보았듯이 국가가 부유해 지려면, 시장에 상품이 늘어나야 합니다. 상품이 많아졌다는 의미는 그만큼 노동자들이 많은 가치를 만들었다는 뜻입니다. 노동의 가치를 증폭시키기 위해서는 분업의 원리를 깨닫는 것이 중요합니다.

애덤 스미스가 끊임없이 분업을 강조한 이유입니다. 애덤 스미스는 분업만이 자본주의를 발전시킨다고 생각한 것입니다. 나아가 분업을 통해 상품의 생산이 증가하면, 시장을 통해 가난한 사람들조차도 그 상품을 사용할 수 있다고 보았습니다. 그 결과, 국가는 풍요로워질 수밖에 없는 것입니다.

애덤 스미스가 생각하는 자본주의 발전의 핵심은 분업입니다. 그렇다면, 이런 분업은 항상 인간에게 긍정적인 영향만을 미쳤을까요? 이 세상의 모든 현상에는 양면성이 있습니다. 밝음이 있으면 어둠이 있습니다. 분업에도 역시 그런 어둠이 존재합니다. 다만, 밝음에 의해 그 어둠의 깊이를 알 수 없었을 뿐입니다.

3
분업의
그림자

세계적인 코미디 배우, 분업의 그림자를 말하다

역사상 가장 유명한 코미디 배우는 누구일까요? 혹시 떠오르는 인물이 있나요? 한국에도 유명한 코미디언들이 많지만, 세계 역사에 기록되기에는 아직 부족해 보입니다. 우리나라 코미디언들은 보통 한국에서만 유명하기 때문입니다.

저하고 비슷한 나이 대의 사람들이라면 쉽게 답할 수 있을 것입니다. 하지만 지금 청소년들은 딱 대답할 수 없을 것 같군요. 역사상 가장 유명한 코미디 배우를 본 적이 없기 때문일 것입니다.

혹시 콧수염에 중절모를 쓴 외국배우를 본 적이 있나요? 그의 걸음걸이는 큰 구두 때문에 뒤뚱거리고, 바지는 항상 헐렁합니다. 지팡이 역시 필수 아이템입니다. 그는 바로 찰리 채플린(Charles Chaplin,

▲ 찰리 채플린

▲ 영화 〈모던 타임즈〉의
포스터

1889~1977)입니다.

찰리 채플린은 무성영화 시절의 코미디 배우이자 감독이었습니다. 그가 태어난 19세기 말은 영화기술이 지금처럼 발전한 상태는 아니었습니다. 소리는 들리지 않고 화면만 상영되던 시절이었습니다. 무성영화는 소리가 없는 영화라는 뜻이죠.

소리가 들리지 않고 화면만 나오는 영화가 재미있을까요? 영화의 재미는 아마도 반으로 확 줄어들 것입니다. 영화를 만드는 사람도 자신의 의도를 전달하기가 쉽지 않을 테고요. 하지만 찰리 채플린에게 무성영화는 새로운 기회였습니다.

찰리 채플린은 관객이 영상만으로도 자신의 영화를 충분히 이해하기를 바랐습니다. 그러기 위해서는 영화 속 캐릭터가 필요했습니다. 과장된 동작과 행동으로 대사 없이 배우의 의도를 표현해야 하기 위해서였습니다. 또한 찰리 채플린은 자신의 영화가 대중적이기를 바랐습니다. 자신의 생각을 많은 사람들에게 이야기해주고 싶었던 것입니다. 찰리 채플린이 깨달은 것은 단순했습니다.

사람들은 어려운 것보다 쉬운 것을 좋아한다는 사실이었습니다. 이 세상에 웃음을 싫어하는 사람은 없으니까요.

찰리 채플린은 오랜 연구 끝에 자신의 고민을 모두 해결해 줄 캐릭터를 만듭니다. 바로 '리틀 트램프'입니다. 우리가 기억하는 찰리 채플린의 모습입니다.

그가 리틀 트램프를 영화 속에 등장시키자 관객들은 영화에 집중했습니다. 리틀 트램프의 바보 같은 행동에 웃음을 참지 못했습니다. 하지만 찰리 채플린의 영화는 웃기기만 한 것은 아니었습니다. 그의 영화는 대부분 사회비판적이었습니다. 코미디 영화 같지만 그 어떤 영화보다 깊은 메시지를 갖고 있었습니다.

그의 대표적인 작품인 〈모던 타임즈〉 역시 마찬가지입니다. 리틀 트램프의 과장된 행동에 웃음을 참을 수 없기도 했지만, 그 영화의 메시지는 가볍지 않았습니다. 사회에 대한 날카로운 비판을 유머를 통해 절달하려고 했습니다.

영화 〈모던 타임즈〉에서 찰리 채플린은 공장에서 나사 조이는 일을 합니다. 하루 종일 나사만 조이다 보니 그는 강박관념에 빠지게 됩니다. 그 결과 공장에서 얻은 병으로 찰리 채플린은 정신병원에 수감되고 실업자가 됩니다.

찰리 채플린은 리틀 트램프가 강박관념을 얻는 과정을 통해 자신의 메시지를 전달하려고 합니다. 바로 자본주의 사회에서 일어나고 있는 노동자의 고난을 보여주려고 한 것입니다. 특히 상품 생산의 효율성을 높이는 분업이 인간에게 어떤 영향을 미치는지를 보여주었습니다.

애덤 스미스도 알고 있던 '분업'의 무서움

찰리 채플린은 영화 〈모던 타임즈〉를 통해 자본주의에서 일어나는 '인간 소외'를 이야기합니다. 인류의 빈곤을 해결하기 위해 등장한 자본주의였지만 시간이 지날수록 인간을 병들게 한다는 것입니다. 그리고 그런 인간 소외의 핵심 원인으로 '분업'을 지목합니다.

사실 이런 자본주의의 문제점은 마르크스에 의해 처음 제기되었습니다. 마르크스는 자본주의가 발전할수록 노동자는 인간의 주체성을 상실한다고 보았습니다.

자본주의는 상품의 폭발적인 생산을 필수적 요소로 하는데, 그 과정에서 인간은 상품을 만드는 부속품이 될 수밖에 없다고 봅니다. 마르크스에게 자본주의는 인류를 발전시키는 제도가 아니라 인류를 병들게 하는 제도였던 것입니다.

마르크스의 이런 주장은 다소 극단적으로 보입니다. 특히 사람들은 마르크스의 이런 주장을 자본주의의 부정적인 면에만 치우친 극단적인 주장이라 생각합니다. 왜 그럴까요? 왜 마르크스는 자본주의의 부정적인 측면을 부각시켰을까요? 자본주의가 시작된 이후로 사람들은 자본주의를 찬양하기 바빴기 때문입니다.

분명 모든 현상에는 빛과 그림자가 있는데 자본주의의 그림자를 보려하지 않았던 것입니다. 마르크스가 자본주의의 부정적인 면을 강하게 부각시킨 것은 사람들의 이런 인식 때문이었습니다. 사람들이 자본주의의 장점만을 찬양하니 그 반대 측면을 강조한 것입니다.

그렇다면, 분업의 부정적인 면을 애덤 스미스는 어떻게 생각했을까요? 앞에서도 보았듯이 애덤 스미스는 분업이 자본주의를 발전시킨다고 보았습니다. 실제로 그의 이런 주장은 역사적으로 증면된 사실입니다.

하지만 애덤 스미스는 분업의 장점만을 이야기하지는 않았습니다. 그의 가장 큰 관심은 인간이었습니다. 때문에 분업이 인간에게 미치는 영향을 애덤 스미스는 누구보다도 더 잘 알고 있었습니다.

애덤 스미스가 판단한 분업의 가장 큰 문제점은 인간의 지능을 저하시키는 것이었습니다. 분업은 인간을 한 가지 일만 오랫동안 하도록 만들어 그 한 가지 일에만 익숙하게 합니다.

그 결과로 노동자는 자신이 맡은 일을 누구보다 잘 할 수 있게 되지만, 다른 일은 해볼 엄두를 내지 못합니다. 그리고 이런 과정이 반복되면 노동자는 머리를 쓰는 습관을 상실하게 됩니다. 당연히 지능 또한 떨어지게 되고 생각도 단순화됩니다. 창의성을 상실하게 되는 것입니다. 이것이 애덤 스미스가 바라본 분업의 그림자입니다.

누구의 예측이 맞았을까?

애덤 스미스가 살던 시기는 자본주의 초기였기 때문에 분업의 단점보다는 장점이 부각되던 시기였습니다. 분업은 인간을 단순하게 만드는 문제가 있기는 했지만, 인류 전체를 발전시킬 수 있다는 희망을 주었습니다. 애덤 스미스도 그렇게 생각했습니다. 애덤 스미스는 자신이 생각한 분업의 단점은 자본주의가 발전하면서 극복 가능하다고 생각했습니다.

그에 반해 마르크스는 분업의 단점을 훨씬 심각하게 바라보았습니다. 분업은 갈수록 고도화된다고 생각했습니다. 기계의 발달은 인간의 능력을 단순하게 만들 것이고, 그 결과 자본주의에서 인간 소외는 훨씬 심각해 질 것이라고 보았습니다.

마르크스에게 인간소외는 자본주의에서 해결될 수 없는 문제였던 것입니다. 왜냐하면 자본주의는 필연적으로 더 많은 상품을 생산하기 위해 분업을 고도화시킬 수밖에 없었기 때문입니다.

누구의 주장이 맞는 것일까요? 저는 시간이 지날수록 마르크스의 주장이 설득력을 얻을 것이라 생각합니다. 애덤 스미스가 강조한 분업의 장점은 정확했습니다. 특히 미국에서는 애덤 스미스가 강조한 분업의 원리를 발전시킨 '포드주의(Fordism)'가 등장하게 됩니다.

우리가 알고 있는 '포드(Ford)' 자동차 회사의 작업방식입니다. 모든 노동자 앞에 컨베이어 벨트를 만들어 놓고 작업을 단순화하고 세분화합니다. 노동자들은 하루 종일 한 가지 일만 하면 되니, 자연스럽게 작업의 능률이 올랐습니다

그러나 찰리 채플린이 자신의 영화 〈모던 타임즈〉에서 보여 주었듯이 사람들은 점점 피폐해져 갔습니다. 하루 종일 단순 작업만 반복하게 되면서 정신적 고통을 호소하기에 이르렀습니다. 분업이 고도화될수록 인간 또한 점점 소외된다는 사실을 역사적으로 증명한 것이 포드주의이기도 했습니다

현재에는 공장의 많은 부분이 기계로 대체되고 있습니다. 어려운 작업일수록 인간이 아닌 기계에 의존합니다. 그러다 보니 노동자의

작업은 점점 단순화되었습니다.

작업의 단순화는 애덤 스미스의 예측처럼 인간의 지능을 저하시키는 부작용을 남기고 있습니다. 인간은 자신의 존엄성을 점점 상실하게 되었습니다.

마르크스는 자본주의의 발전이 인간에게 미칠 영향을 애덤 스미스보다 훨씬 정확하게 예측했습니다. 어째서 마르크스의 예측이 더 정확했을까요?

애덤 스미스는 자본주의의 정착기에 『국부론』을 집필했습니다. 당연히 자본주의의 발전적 측면에 관심을 가질 수밖에 없었습니다. 그러나 마르크스는 자본주의의 문제가 곳곳에 등장할 시기에 『자본론』을 썼습니다. 자연스럽게 자본주의 단점의 원인을 파악하는 것에 관심을 가질 수밖에 없었던 것입니다. 자본주의의 모습을 더 최근까지 관찰한 마르크스의 예측이 정확할 수밖에 없는 것은 당연합니다.

가끔 학생들 중에는 누구의 정답이 맞는지만 관심을 갖는 친구들이 있는데요, 그것보다 더 중요한 것은 그들이 어떻게 나름의 정답을 이야기했는가 입니다. 현실은 계속 변화하고 변화하는 현실은 항상 새로운 문제를 여러분 앞에 등장시킵니다. 애덤 스미스나 마르크스 모두 지금의 문제를 풀어줄 수는 없습니다. 그들은 우리에게 자신들이 문제를 어떻게 해결했는지를 보여줄 뿐입니다.

애덤 스미스와 마르크스 모두 말합니다. 중요한 것은 지금의 현실이라고요. 미래에 등장할 문제의 정답은 언제나 현실에서 찾을 수 있다고 강조합니다.

4
애덤 스미스가
이기심을 강조한 이유

미국인들의 이상한 이기심

미국은 1776년 7월 4일 영국으로부터 독립합니다. 영국과의 독립전쟁을 승리로 이루어낸 결과였습니다. 식민지 국가가 독립한 최초의 사례이자, 스스로 싸워서 얻어낸 독립이어서 역사적으로 높이 평가됩니다.

독립 후 미국은 세계최초의 민주주의 공화국이 됩니다. 자유와 평화를 상징으로 하는 국가가 된 것입니다. 영국으로부터 독립한 미국은 민주주의를 도입한 후 급격한 발전을 이루게 됩니다. 정치와 경제 모든 부분에서 뚜렷한 성장을 하게 됐습니다. 이러한 사실에 가장 자극을 받은 국가는 프랑스였습니다. 프랑스는 독립전쟁 때 미국과 같이 영국에 저항해 싸운 국가이기도 합니다.

프랑스 역시 미국보다는 느리지만 1789년 혁명을 경험합니다. 구체제를 폐지하고 민주주의를 시작하려고 했습니다. 하지만 프랑스는 혁명 후 유럽의 다른 국가와 많은 전쟁을 치루면서 제대로 된 민주주의를 이룩하지 못했습니다. 프랑스는 미국의 발전된 민주주의를 보면서 미국의 민주주의를 분석할 필요성을 느꼈습니다.

프랑스는 1831년 정치가이면서 정치학자인 토크빌(Tocqueville, 1805~1859)을 미국에 파견합니다. 미국의 민주주의를 분석할 기회를 토크빌에게 부여한 것입니다.

미국에 도착한 토크빌은 다양한 관점에서 미국의 민주주의를 분석합니다. 그중에서도 미국인들의 정신을 분석하려고 시도합니다. 왜냐하면 민주주의는 구성원의 의식에 의해 큰 영향을 받는 제도이기 때문입니다. 토크빌은 미국인의 정신을 관찰하는 중에 조금 이상한 점을 발견했습니다. 미국인들은 자신의 행동의 원인을 대부분 개인적인 이익에서 찾는 경향이 있었던 것입니다. 무슨 말인지 이해가 가나요?

예를 한 번 들어보죠. 만약 여러분이 혼자 사는 노인들을 위해서 봉사활동을 했다고 해봅시다. 이 경우, 여러분은 봉사활동의 동기를 무엇이라고 설명할 건가요? 여러 답변이 있겠지만, 일반적으로는 독거노인을 돕고 싶은 마음 때문이었을 것입니다. 독거노인의 처지 때문에 마음이 움직인 것이죠. 보통 이러한 마음을 이타심이라고 합니다.

그런데 미국인들은 봉사활동의 동기를 이타심에서 찾는 것을 꺼린다고 합니다. 그냥 시간이 남아서 봉사활동을 했다고 둘러댄다고 합니다. 뿐만 아니라 미국인들은 누군가의 행동이 이타심에 의한 행동이었다고 말하면, 믿지 못하는 경향도 보였다고 합니다.

토크빌은 그런 미국인들을 이해하지 못했습니다. 마치 미국인들은 애덤 스미스가 『국부론』에서 말한, 인간은 자신의 이익을 위해서만 행동한다는 주장을 증명하려는 것처럼 보였던 것입니다.

잘못 알려진 애덤 스미스의 이기심

미국인들은 왜 자신의 행동을 모두 이기심에서 찾을까요? 사실 미국인들의 이기심은 우리가 생각하는 이기심과 조금 다릅니다. 우리는 누군가의 이기적인 행동을 기회주의적인 행동이라고 비난합니다. 혼자만 잘 먹고 잘 살겠다는 것으로 받아들이기 때문입니다. 하지만 미국인들에게 이기심은 인간의 자연스러운 감정일 뿐입니다. 인간은 누구나 자신의 이익을 최우선으로 한다고 생각합니다. 그런 개인 이익을 추구하는 감정을 이기심이라고 생각하니, 미국인들에게 이기심은 훨씬 솔직한 감정으로 인식됩니다.

그렇다면 이런 미국인들이야말로 애덤 스미스가 『국부론』에서 말한 인간과 유사할까요? 제가 생각하기에 미국인들은 애덤 스미스가 말한 이기심을 오해하는 것처럼 보입니다. 애덤 스미스는 인간의 모든 행동을 이기심에서 찾지는 않으니까요.

애덤 스미스는 『국부론』에서 시장 경제의 작동원리를 설명하기 위해 이기심을 부각시킵니다. 가난한 사람이든 부자든 자신의 이익을 위해 행동하면 될 뿐이지 타인을 위한 이타심이 시장 경제 작동에는

▲ 미국 독립선언

필요치 않다는 것입니다. 오히려 그는 타인의 이타심에 의존할 필요가 없다는 사실을 말하기 위해 이기심을 선택합니다. 인간은 개인의 이익을 추구하면서 살뿐이니, 타인에게 굽실거릴 필요가 없다는 뜻입니다.

애덤 스미스가 이기심을 강조했다고 알려진 문구를 다시 한 번 볼까요?

우리가 매일 식사를 마련할 수 있는 것은 푸줏간 주인과 양조장 주인, 그리고 빵집 주인의 자비심 때문이 아니라, 그들 자신의 이익을 위한 그들의 고려 때문이다.

우리는 그들의 자비심에 호소하지 않고 그들의 자애심에 호소하며, 그들에게 우리 자신의 필요를 말하지 않고 그들 자신에게 유리함을 말한다. 거지 이외에는 아무도 전적으로 동포들의 자비심만 의지해서 살아가려고 하지 않는다.

- 『국부론』 중에서

어떤가요? 여러분은 이 문장이 애덤 스미스가 이기심을 강조한 것으로 보이나요? 한 번 굵은 글씨로 표시된 부분을 중심으로 읽어 보죠. 애덤 스미스는 이기심을 강조하기 보다는 타인의 자비심에 호소하지 않아도 되고, 타인의 자비심에 의지해서 살지 않아도 된다는 사실을 이야기합니다.

애덤 스미스가 인간의 이기심을 언급한 것은 당시의 시대적 흐름과 관련이 있습니다. 애덤 스미스는 계몽주의시대에 살았습니다. 그 전까지 인간은 신에게 의존하는 존재였고, 신에 의해 운명이 결정되는 존재였습니다. 신이 없으면 이 세상은 해석조차 되지 않았습니다.

계몽주의는 그런 관점을 바꿨습니다. 신 중심에서 벗어나 인간을 세상의 중심에 놓게 되었습니다. 더 이상 신을 의지하지 않고 모든 것을 인간 스스로 해결하려고 노력했습니다. 하지만 계몽주의 지식인들의 노력에도 불구하고 많은 사람들은 여전히 신에게 의존적인 모습을 보였습니다. 사람들의 생각이 쉽게 변하지 않았기 때문입니다.

많은 사람들은 여전히 자신의 운명을 타인에게 의존하려 했습니다. 당시에는 신분제가 남아 있던 시기였으므로, 신의 자리를 기득권층이 대신하고 있었습니다. 사람들은 내가 먹고살 수 있는 이유가 귀족들의 자비심 때문이라고 생각하는 경향이 강했습니다.

애덤 스미스는 사람들의 이런 생각이 잘못되었다고 생각한 것입니다. 사람들은 각자의 역할을 갖고 있고, 그 역할을 통해 사회에 기여를 하며 살고 있었습니다. 다만 사람들이 그 사실을 알아차리지 못할 뿐이었습니다. 신분제 사회였기 때문에 신분이 낮은 사람들은 자신의 가치를 알아차리지 못했습니다. 이런 사실을 발견한 애덤 스미스는 모든 개인이 자신의 이익을 위해서 노력할 때, 사회가 발전할 수 있다는 결론을 얻었습니다. 발상의 전환을 이룩한 것입니다.

이기심의 진정한 역할

애덤 스미스는 이기심을 사회 발전의 원동력으로 봅니다. 그런데 애덤 스미스 이후의 경제학자들은 인간을 이기적인 동물로 바꾸어 놓았습니다. 인간의 본성은 이기심뿐이라는 것입니다. 이는 명백히 애덤 스미스의 이야기를 왜곡시킨 것입니다. 애덤 스미스의 묘비명을 바꾸듯 애덤 스미스의 생각을 자신들의 입맛에 맞게 해석한 것입니다.

다시 본론으로 돌아가겠습니다. 그렇다면 애덤 스미스는 이기심이 어떻게 사회를 발전시킨다고 보았을까요? 잠시 『국부론』의 내용을 살펴보겠습니다.

수많은 이익을 가져오는 분업은 원래, 그것이 낳는 일반적인 풍족을 예상하고 의도한, 인류의 지혜의 결과가 아니다. 분업은 그와 같은 폭넓은 효용을 예상하지 못한 인간성의 어떤 성향으로부터, 비록 매우 천천히 그리고 점진적이긴 하지만, 필연적으로 생긴 결과이다. 그 성향이란 곧 하나의 물건을 다른 물건과 바꿔 갖고, 거래하고, 교환하는 성향(propensity to exchange)이다.

-『국부론』 중에서

애덤 스미스는 분업이 노동의 가치를 증폭시키고 그 결과로 사회가 발전한다고 생각합니다. 그리고 사회를 발전시키는 분업은 인간의 교환성향 때문에 일어난다고 봅니다. 이를 조금 쉽게 설명해 보겠습니다.

여러분이 알고 있듯이, 인간은 사회적 동물입니다. 서로의 부족한 부분을 사회에서 보충하며 삽니다. 한 사람이 자신에게 필요한 모든 물건을 만드는 것은 비효율적이고 불가능합니다. 그럼 어떻게 사회를 통해 부족한 부분을 보충할까요? 바로 교환을 통해 부족한 부분을 보충하는 것입니다.

자신에게 필요한 물건과 자신에게 필요 없지만 타인에게 필요한 물건을 맞바꾸는 것입니다. 애덤 스미스는 이런 교환을 하기 위해 인간이 분업을 시작했다고 봅니다. 분업을 하면 자신이 필요로 하는 것보다 많은 물건을 만들 수 있습니다. 그러면 자신에게 필요하지 않은 물건이 생겨서 다른 물건과 교환할 수 있습니다.

애덤 스미스는 이런 분업이 교환성향으로부터 발생한다고 합니다. 그리고 분업이 모든 분야에서 이루어지면 사회전체가 발전할 수 있다고 판단합니다. 국가를 부유하게 만들기 위해서는 분업의 출발점인 교환성향의 원인을 파악해야 합니다. 그것까지 파악하면, 인간이 어떻게 사회를 발전 시킬 수 있는지 알게 되는 것입니다.

애덤 스미스는 『국부론』에서 말합니다. 인간의 교환성향은 인간의 이기심을 통해 발생한다고요. 즉 타인의 물건이 자신에게 이익이 된다는 사실을 알고, 인간은 그 이익을 자연스럽게 추구하기 때문에 교환이 이루어진다고 봅니다. 교환의 근본원인을 인간의 이기심에서 찾은 것입니다.

인간의 이기심 → 교환성향 → 분업 → 국가의 부 증가
〈분업의 원인과 결과〉

현대 경제학은 인간을 이기적으로 봅니다. 인간은 항상 자신의 이익을 추구한다고 가정하는 것입니다. 이러한 가정은 애덤 스미스로부터 시작된 것이기는 하지만 앞서 보았듯이 애덤 스미스는 이기심을 확장시키지 않았습니다. 단순히 교환성향의 원인으로만 볼 뿐이었습니다. 애덤 스미스 이후의 사람들이 그의 이론을 변형시키고 자신의 입맛에 따라 바꿨습니다. 만약 애덤 스미스의 논리를 정확히 이해했다면, 이기심만을 인간의 성향으로 가정하는 일은 없었을 텐데 말이죠.

★☆★ 왜 그랬을까요? ★☆★
애덤 스미스와 마르크스의 다른 관점

애덤 스미스와 마르크스는 약 100년의 시간을 두고 태어났습니다. 애덤 스미스는 18세기에 태어났고 마르크스는 19세기에 태어났습니다.

애덤 스미스는 계몽주의의 영향을 많이 받은 인물입니다. 애덤 스미스가 살던 때는 자연과학이 발달하던 시기였습니다. 해가 뜨고 지는 것을 과학으로 분석할 수 있었습니다. 뉴턴 같은 물리학자가 큰 영향력을 행사하던 시기였습니다.

애덤 스미스 역시 이런 분위기에 큰 영향을 받았습니다. 자연을 과학적으로 해석하듯이 인간 사회 역시 과학적으로 해석할 수 있다고 보았습니다. 자연에 일정한 법칙이 존재하듯 사회에도 법칙이 존재한다고 보았습니다. 때문에 애덤 스미스는 경제에도 자연법칙이 있다고 생각한 것입니다. 인간에 의해 영향 받지 않는 절대불변의 법칙이 있다고 보았습니다.

그에 반해 마르크스는 경제를 자연법칙으로 해석하지 않았습니다.

애덤 스미스가 계몽주의 시대였음에도 인간을 자신의 이론 중심에 놓지 못한 것과 달리 마르크스는 자신의 이론의 중심에 인간을 놓았습니다.

이 세상은 고정불변한 것이 아니라 인간에 의해 만들어지고 변화한다고 본 것입니다. 마르크스는 애덤 스미스보다 훨씬 진취적이었습니다. 물론 애덤 스미스 역시 그가 살던 18세기에는 무척 진보적인 학자였습니다. 최초로 경제학을 만든 사람이었으니까요.

애덤 스미스와 마르크스의 이런 생각의 차이는 역사에 다른 기록으로 남게 됩니다. 애덤 스미스는 안정과 발전의 상징이 되었고, 마르크스는 변화의 상징이 되었습니다.

애덤 스미스는 미국에 기여하게 되었고, 마르크스는 러시아를 비롯한 유럽에 기여하게 되었습니다.

만약 미국과 유럽에 대해 공부한다면, 그 뒤에 숨어있는 애덤 스미스와 마르크스의 자취를 느낄 수 있을 것입니다.

|생각이 자라는 질문 02|

- 여러분은 애덤 스미스처럼 우리 인간 사회에 고정불변의 법칙이 있다고 생각하나요? 아니면 마르크스처럼 세상이 계속 변화한다고 생각하나요? 그리고 그렇게 생각하는 이유는 무엇인가요?

애덤 스미스의 '보이지 않는 손'

1
'보이지 않는 손'은
무엇인가?

경제학에 도입된 최초의 과학 법칙

애덤 스미스는 경제학의 아버지입니다. 애덤 스미스의 이론으로부터 경제학이 시작되었습니다. 그렇다면, 물리학의 아버지는 누구일까요? 여러분이 아는 과학자 중에서 가장 과거의 인물을 떠올리면 될 듯합니다. 바로 아이작 뉴턴(Isaac Newton, 1642~1727)입니다.

뉴턴은 영국의 과학자로서 계몽주의의 출발을 알린 인물이기도 합니다. 신에 의존하지 않고 인간의 이성으로 자연을 설명하려고 했습니다. 우리에게 잘 알려진 만유인력의 법칙은 아인슈타인이 등장하기 전까지 물리학을 지배한 이론이었습니다. 뉴턴은 아인슈타인 이전까지 최고의 과학자였습니다.

뉴턴이 우리에게 널리 알려진 이유 중 하나가 바로 사과나무 때문입니다. 여러분도 잘 아시죠? 어느 날 뉴턴이 사과나무 아래에 앉아 있었는데, 눈앞에서 사과 하나가 떨어집니다. 그 상황에서 뉴턴은 사과가 왜 아래로 떨어지는지 의문을 품게 됩니다. 그 의문이 출발점이 되어 뉴턴은 만유인력의 법칙을 발견하게 되었습니다. 아주 유명한 일화입니다.

이 일화는 1752년에 출간된 뉴턴의 첫 번째 회고록에 등장합니다. 1666년 늦은 여름에 있었던 일이라고 기록되어 있습니다. 이 일화의 진실여부는 논란거리이지만, 그런 것은 크게 중요해 보이지 않습니다. 뉴턴이 세계적으로 워낙 유명한 인물이라 회고록에는 다양한 이야기가 등장합니다.

여러분은 뉴턴의 사과나무 일화를 보면서 무슨 생각을 하나요? 어떤 친구들은 뉴턴의 천재성에 감탄하기도 하고, 어떤 친구들은 진리의 일상성에 대해 말하기도 합니다. 관점에 따라 다양한 해석이 나오는 것입니다. 뉴턴의 사과나무 일화는 뉴턴을 대중에게 알리는 역할도 했지만, 역사적으로는 더 큰 의미가 있습니다.

사과나무에서 사과가 떨어지는 것은 자연스러운 일입니다. 자연스러운 이치이죠. 사람들은 계몽주의 시대 이전에는 이런 일에 관심을 두지 않았습니다. 이 세상에 존재하는 자연법칙은 모두 신의 작품이라고 생각했었으니까요. 인간은 그 법칙에 대해 알 수도 없고, 알 필요도 없다고 생각했습니다. 그런데 뉴턴은 사과가 땅으로 떨어진다는 지극히 당연한 사실에 의문을 품었습니다. 신이 설계한 지구 위에 존재하는 자연 법칙에 의문을 품은 것입니다. 이 세상을 움직이는 원리를 더 이상 신이 창조했다고 설명하기를 거부했습니다. 인간의 이성을 통해 자연 법칙을 설명하려고 한 것입니다. 바로 이런 시도가 계몽주의의 시작입니다.

애덤 스미스는 뉴턴이 사망하기 4년 전에 태어났습니다. 뉴턴이 계몽주의 시대를 열었다면, 애덤 스미스는 계몽주의가 꽃을 피우던 시기에 태어난 것입니다. 애덤 스미스와 뉴턴은 공통점이 많습니다. 둘다 영국이라는 곳에서 태어났고, 평생을 독신으로 살았다는 점도 같습니다. 넘치는 학문에 대한 열정이 그들을 혼자 살게 했는지도 모르겠습니다.

특히 그들은 세상을 보는 관점도 비슷했습니다. 뉴턴은 과학자였고, 애덤 스미스는 논리철학자였지만 둘 모두는 세상을 지배하는 원리에 대해 똑같이 궁금해 했습니다. 다만 뉴턴은 자연과학 분야를 공부했던 것이고, 애덤 스미스는 인간이 살고 있는 사회를 공부했던 것입니다.

애덤 스미스는 뉴턴처럼 사회에 존재하는 보편적 원리를 파악하고 싶어했습니다. 애덤 스미스 역시 신의 뜻이 아닌 인간의 힘으로 사회가 변화한다고 믿었습니다. 애덤 스미스는 특히 국가를 부유하게 만드는 자연 법칙이 인간 사회에도 존재한다고 믿었습니다. 이런 고민 끝에 '보이지 않는 손(invisible hand)'을 발견하게 됐습니다.

국가의 발전 법칙인 '보이지 않는 손'

애덤 스미스를 대표하는 단어가 바로 '보이지 않는 손'입니다. 그는 자신을 『도덕감정론』의 저자라고 생각했지만, 사람들은 그를 '보이지 않는 손'의 창시자라고 생각합니다. 때때로 사람들은 애덤 스미스와 '보이지 않는 손'을 동의어처럼 생각합니다.

이 '보이지 않는 손'은 『국부론』에 나오는데요, 하도 유명한 단어여서 자주 등장할 것 같지만 의외로 딱 한 번밖에 등장하지 않습니다. '보이지 않는 손'이 나오는 부분을 잠시 살펴보죠.

> 사실 그는, 일반적으로 말해서, 공공의 이익(public interest)을 증진시키려고 의도하지도 않고, 공공의 이익을 그가 얼마나 촉진하는지도 모른다. 외국 노동보다 본국 노동의 유지를 선호하는 것은 오로지 자기 자신의 안전을 위해서고, 노동생산물이 최대의 가치를 갖도록 그 노동을 이끈 것은 오로지 자기 자신의 이익을 위해서다. 이 경우 그는, 다른 많은 경우에서처럼, 보이지 않는 손(an invisible hand)에 이끌려서 그가 전혀 의도하지 않았던 목적을 달성하게 된다.
>
> – 『국부론』 중에서

'보이지 않는 손'에 대해 설명하기 전에 한 가지 질문을 해보겠습니다. 여러분은 개인의 이익과 공공의 이익이 일치한다고 생각하나요?

개인의 이익과 공공의 이익이 일치하지 않는 경우는 우리 주변에 얼마든지 있습니다. 가령 가족과의 저녁식사를 생각해 볼까요? 만약 내가 평소 먹던 양 보다 많이 먹으면 다른 가족들은 내가 먹은 양만큼의 식사를 하지 못하게 됩니다. 나의 이익추구가 누군가에게는 손해가 되는 것입니다. 또 다른 예를 들어볼까요? 이번에는 어떤 공장에서 상품의 생산을 확대하는 경우를 생각해 봅시다.

일반적으로 공장은 상품생산 과정에서 발생한 폐수를 방출합니다. 이 폐수는 환경에 나쁜 영향을 미칩니다. 상품의 생산을 확대하는 것은 동시에 환경을 오염시키는 폐수 역시 증가시킵니다. 이것만 보아도 개인의 이익과 공공의 이익이 일치하지 않는다는 사실을 알 수 있습니다. 하지만 애덤 스미스의 주장은 조금 다릅니다. 그는 개인의 이익 추구가 공공의 이익추구로 이어진다고 합니다. 즉 개인의 이익이 증가하면, 그 증가한 이익이 공공의 이익으로 바뀐다는 것입니다. 여기서 개인의 이익을 공공의 이익으로 바꿔주는 역할을 '보이지 않는 손'이 한다고 합니다. 즉 '보이지 않는 손'은 인간 사회에 존재하는 자연법칙과도 같은 것입니다.

그렇다면 '보이지 않는 손'은 구체적으로 무엇을 의미할까요? 『국부론』에 '보이지 않는 손'이 딱 한 번 등장하는 것과 달리 '시장'의 역할에 대해서는 수없이 많이 등장합니다. 시장이 확대될수록 국가의 부는 증가한다고까지 말합니다. 이쯤에서 감이 오나요? 애덤 스미스가 말하는 '보이지 않는 손'은 시장(market)의 작동원리를 의미합니다. 구체적으로는 자유로운 경쟁이 보장되는 시장에 존재하는 작동원리를 의미하는 것입니다.

잘못 알려진 '보이지 않는 손'

경제학의 역사에서 가장 먼저 등장한 학파는 프랑스의 중농주의입니다. 농업이 경제 발전의 중심이라 생각하는 학파입니다. 애덤 스미스 역시 프랑스를 여행하면서 중농주의자들을 만나고, 그들의 이론을 받아들입니다.

프랑스 중농주의 다음으로 등장한 이론은 애덤 스미스로부터 시작되는 '고전학파'입니다. 중농주의와 비슷한 면이 있지만 강조점이 다릅니다. 고전학파 역시 농업이 자본주의 경제의 핵심이라고 생각하는 것은 중농주의 학파와 유사하지만 고전학파는 농업만이 전부라고 생각하지는 않습니다. 경제가 발전하려면 농업과 더불어 다른 산업도 발전해야 한다고 봅니다.

고전학파는 농업부터 시작된 발전이 다른 산업에 영향을 미치려면 시장이 존재해야 한다고 봅니다. 시장이 농촌과 도시를 연결해주고 그 결과, 농촌과 도시가 골고루 발전할 수 있다고 생각하는 것입니다. 게다가 시장이 농촌과 도시의 발전을 연결해 주려면 정부의 간섭이 없어야 한다고 봅니다. 자유로운 시장만이 그 역할을 할 수 있다고 보는 것입니다.

이처럼 고전학파는 정부의 간섭을 극도로 경계합니다. 정부가 시장에 개입하는 순간 국가는 발전하지 못한다고까지 주장합니다. 이것은 사실 굉장히 살벌한 주장입니다. 국가가 발전하지 못한다는 것은 곧 국민이 큰 위기에 빠진다는 것입니다.

이런 고전학파의 주장 때문에 정부의 규제는 위험한 것으로 여겨

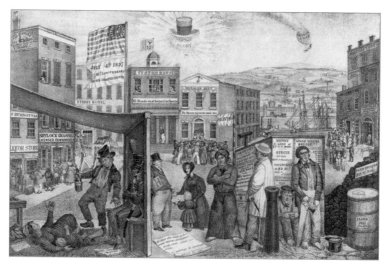

▲ 대공황

졌고, 경제는 정부의 규제가 없어도 위기에 빠지지 않고 잘 돌아간다고 생각했습니다. 그러다가 1929년 미국에 '대공황'이 발생했습니다.

1929년 발생한 대공황은 정부가 시장을 규제하지 않자 자본가들이 과도한 생산을 하면서 시작되었습니다. 이윤에 눈이 먼 자본가들은 상품을 무조건 생산하고 보자는 식이었습니다. 이렇게 무조건 생산된 상품들은 판매가 되지 않아 창고에 쌓여 갔습니다. 기업은 상품을 판매하지 못해 이윤을 획득하지 못했고 결국, 파산하게 됩니다.

기업이 파산하자 그 기업에서 일하던 노동자들 역시 일자리를 잃었습니다. 실업자의 숫자가 급격히 증가했습니다. 사람들은 하루 먹을 식량도 구하지 못해 고통 받았고 뉴욕 중심부는 노숙자로 뒤덮이는 상황이 되었습니다.

이런 위기를 극복하기 위해 등장한 대통령이 루즈벨트(Roosevelt, 1882~1945)입니다. 그는 정부의 규제가 경제를 발전시키지 못한다는 고전학파의 기존 주장을 틀린 것이라고 생각했습니다. 위기에 빠진 경제를 구하려면 오히려 '정부'가 앞장서야 한다고 본 것입니다. 이런 그의 생각을 케인즈가 뒷받침해 주었습니다. 케인즈는 정부에만 경제위기를 극복할 힘이 있다고 보았습니다.

루즈벨트 대통령의 경제정책은 성공했을까요? 표면적으로는 성공한 것처럼 보입니다. 지금도 수많은 국가에서 정부가 시장에 개입해서 일자리를 창출하려고 합니다. 하지만 루즈벨트의 경제정책도 완벽하지는 않았습니다. 1970년대가 되자 또 다시 경제에 위기가 몰려왔습니다. 이 위기를 해결하기 위해 등장한 경제학파가 신고전학파입니다. 애덤 스미스의 이론을 계승하고 발전시킨 학파이죠. 그들은 다시 정부의 규제를 금지하라고 합니다. 정부의 규제는 '보이지 않는 손'을 작동하지 못하게 한다는 생각을 그 이론적 근거로 삼은 것입니다. 이들은 정부의 규제가 존재하지 않는 완벽한 자유 시장만을 주장합니다. 시장에서 일어나는 일은 무조건 그대로 놔두어야 한다는 입장입니다.

우리가 일반적으로 이야기하는 '신자유주의' 정책도 사실 대부분은 신고전학파의 경제정책입니다. 정부의 간섭을 최소화하는 정책들인 것입니다. 신고전학파는 '보이지 않는 손'을 극단적으로 옹호합니다. 마치 '보이지 않는 손'만 잘 작동하면 모든 경제위기는 해결될 것처럼 이야기하지만, 이러한 입장은 애덤 스미스가 '보이지 않는 손'을 경제에 존재하는 하나의 법칙으로 생각한 것과는 차이가 있습니다.

애덤 스미스는 '보이지 않는 손'의 역할을 소극적으로 파악했던 반면, 신고전학파는 '보이지 않는 손'에 적극적으로 역할을 부여했습니다. 즉 '보이지 않는 손'을 통해 경제 위기도 돌파할 수 있고, 경제 발전도 이룩할 수 있다고 보았습니다. '보이지 않는 손'의 소극적 역할과 적극적 역할 사이에 어떤 차이가 있는지 이해가 가나요?

신고전학파처럼 '보이지 않는 손'에 적극적인 역할을 부여하면, 정부는 자본가들의 자유만을 최대한 존중하게 됩니다. 자본가들이 잘 살아야 노동자가 잘 살 수 있다고 생각하기 때문입니다. 그 결과, 자본가들에게 노동자를 쉽게 해고할 수 있는 자유를 보장합니다. 또한 작은 상인들의 이익을 대기업이 침해해도 큰 자본가의 자유를 보장해야 한다는 미명아래 방관합니다.

지금 우리나라가 겪고 있는 비정규직의 대량 증가나 대기업에 의해 전통시장이 무너지고 있는 것 모두 신자유주의 정책의 결과입니다. 이러한 현상은 애덤 스미스가 파악했던 '보이지 않는 손'과는 다른 것입니다. 애덤 스미스는 자본가의 자유를 무한정 보장하는 것이 '보이지 않는 손'의 역할이라고 보지 않았습니다.

애덤 스미스는 '보이지 않는 손'이 존재하는 곳을 시장이라고 보았습니다. 그 시장의 작동원리가 곧 '보이지 않는 손'입니다. 이 '보이지 않는 손'의 역할을 파악하기 전에 우선 시장에 대해 알아봐야 합니다. 시장을 모르고서는 시장에서 작동하는 '보이지 않는 손'의 역할을 알 수가 없습니다.

2
시장의
탄생

사람은 태어나면 서울로 보내라

'말은 태어나면 제주도로 보내고 사람은 태어나면 서울로 보내라' 는 속담이 있습니다. 예부터 제주도에는 말이, 서울에는 사람이 많이 살았습니다. 사람이 많이 모여 살다보면 필연적으로 경쟁이 생깁니 다. 그 경쟁에서 이기는 사람은 남보다 더 많은 것을 얻기 마련이죠.

경쟁에서 이기면 이길수록 남보다 더 많은 것을 누리면서 살 수 있 습니다. 사람이 태어나면 서울로 보내라는 속담은 경쟁이 많은 곳으 로 보내라는 뜻입니다. 경쟁이 있는 곳에 더 많은 것을 얻을 기회가 생기기 때문이죠.

현재 서울에는 1천 만 명이 넘는 사람이 살고 있습니다. 속담의 영 향이라고 하기에는 서울의 인구가 늘어난 것을 충분히 설명해 주지는 못하는 것 같군요.

서울에 인구가 많은 것은 서울이 다른 지역보다 발전해서 인구가 증가한 측면도 있겠지만, 인구가 늘면서 도시가 발전했다고 보는 것이 정확할 것입니다. 우리나라가 인구분산 정책을 펼치고 있는 것도 인구의 증가가 그 지역을 자연스럽게 발전시킬 것이라는 전망 때문입니다.

1900년대 초반만 하더라도 대한민국 인구의 90%는 농촌에 살았습니다. 근대화 이전이었기 때문에 농업이 가장 중요한 산업이었습니다. 사람들은 농촌에서 자급자족하면서 생활할 수 있었습니다. 당시에도 서울이 수도였기 때문에 큰 도시였지만 지금처럼 많은 사람들이 살지는 않았습니다. 서울로 사람이 몰려들기 시작한 것은 근대화가 시작되면서 부터입니다.

근대화란 구시대에서 새로운 시대로 넘어가는 과정을 말합니다. 구체적으로는 조선시대의 신분제가 철폐되고, 농업중심의 사회에서 자본주의 사회로 변화하는 것을 말합니다.

서울에 인구가 증가한 이유도 근대화의 두 가지 변화와 관련이 있습니다. 당시 조선은 신분제 사회였습니다. 전체 인구의 50%가 천민이었고, 노비였습니다. 큰 양반집 중에서는 천 명이 넘는 노비를 거느리고 있는 경우도 있었다고 합니다. 소수의 양반이 대부분의 토지를 소유했고, 다수의 노비들은 그 토지를 경작하며 생활한 것입니다.

그러다가 신분제 사회가 철폐되면서 노비들은 해방됩니다. 노비들은 자유를 얻었지만 갖고 있는 것이 아무것도 없었습니다. 신분이라는 족쇄는 사라졌지만 가난이라는 더 무서운 족쇄가 기다리고 있었습니다. 결국 양반들에게 땅을 빌려서 농사를 지을 수밖에 없었습니다. 땅을 빌리면 소작료를 지불해야 했는데 이 소작료가 만만치 않았기 때문에 힘들게 농사를 지어도 가난은 해결되지 않았습니다.

자신의 이익을 위해 농사를 지어 농업 생산물을 늘렸습니다. 그 생산물을 개인이 모두 소유했으면 가난을 면할 수 있었겠죠. 하지만 대부분은 땅주인에게 돌아갔습니다. 사실 땅주인한테는 그렇게 많은 농산물이 필요하지 않았는데도 말입니다. 자신이 먹을 수 있는 양은 한정되어 있었고, 보관에도 어려움이 있었습니다.

때문에 자연스럽게 소작료를 돈으로 지불받으려고 했습니다. 소작료를 물건으로 지불받아도 모두 시장에 팔아넘기게 되었습니다. 필요하지 않은 농산물이 늘어나니 시장에 팔게 되었고, 그 결과 시장은 점점 커질 수밖에 없는 상황이 됐습니다.

서울이 커진 이유에는 이런 역사적 배경이 있습니다. 이는 애덤 스미스의 분석과도 일치하는데, 그의 이야기를 좀 더 들어볼까요.

도시와 농촌의 관계

우리는 앞서 애덤 스미스가 말한 '보이지 않는 손'은 자유로운 시장을 의미한다고 보았습니다. 이 '보이지 않는 손'의 역할을 보기 전에 그 기원을 먼저 알아야 할 듯합니다. 역사는 언제나 많은 지혜를 품고 있습니다. '보이지 않는 손'이 시장이기 때문에 시장의 탄생 과정을 알면 그 역할을 이해하기 쉽습니다.

애덤 스미스는 농업을 중시했습니다. 자본주의의 출발을 농업에서 찾았습니다. 특히 농촌과 도시의 관계에 대해 주목했습니다. 당시 영국 역시 자본주의가 시작되던 시기였기 때문에 농촌에 인구가 많았습니다. 대부분의 상품은 농촌에서 생산되었습니다.

애덤 스미스는 도시가 커지려면 농촌에서 생산되는 상품이 증가해야 한다고 보았습니다. 초창기의 도시는 농촌에서 생산한 상품을 교환해주는 장소였기 때문입니다. 도시는 농촌에서 생산된 상품을 교환해주는 시장의 역할을 맡고 있었습니다. 농촌에서 생산된 상품이 많지 않으면 도시에서 교환되는 상품 역시 많지 않습니다. 만약 농촌에서 생산된 상품이 부족하면 도시의 시장은 커지지 않았을 것입니다.

반대로 농촌에서 생산한 상품이 많아지면 도시의 시장은 자연히 커집니다. 또, 시장이 커지면 도시의 인구 역시 점점 증가합니다. 인구의 증가는 자연히 도시 전체의 발전을 가져옵니다. 우리나라 서울의 발전과정을 생각해 보면 됩니다.

그럼 농촌의 상품은 어떻게 해야 많아질까요? 이미 여러분은 답을 알고 있습니다. 바로 '분업'입니다. 앞에서 우리는 분업이 상품의 가치를 증가시키는 것을 보았고 상품의 가치가 증가하면 국가의 부가 증대한다는 것을 배웠습니다. 하지만 이런 설명은 치밀하지 않습니다. 대략적인 설명일 뿐입니다. 애덤 스미스는 그 분업이 국가의 부를 어떻게 증가시키는지 설명했습니다. 애덤 스미스는 특히 농업을 중시했기 때문에 농촌이 어떻게 도시를 발전시키는지 밝혀내고 싶어 했습니다.

분업이 시장을 만든다

농업이든 제조업이든 분업이 일어나면 상품의 생산이 증가합니다. 이는 인류의 역사가 증명한 결과입니다. 애덤 스미스 역시 분업이 어떻게 상품의 생산을 증가시키는지 밝혀냈습니다.

초기 자본주의에서 분업은 모두 농촌에서 발생했습니다. 생필품도 농촌에서 만들고 쌀이나 보리 같은 천연생산물도 농촌에서 만들었습니다. 농촌에서 분업으로 상품이 생산되자 자신들이 소비하고도 남게 되는 잉여 생산물이 발생하게 됐습니다. 그 잉여생산물을 시장에 자연스럽게 내다 팔았습니다.

시장이 형성되기 위해서는 물건을 팔려는 사람과 사려는 사람이 모여야 합니다. 시장은 지리적으로 농촌과 농촌 사이에 형성되는데, 지도를 보면 대부분의 도시는 주변에 농촌을 갖고 있습니다. 도시 한 곳이 농촌에 둘러싸여 있는 구조입니다. 도시는 농촌에서 생산된 상품을 교환하기 좋은 위치에 자리 잡게 될 수밖에 없습니다.

농촌에서 소비하고 남은 상품들은 도시로 몰려듭니다. 때문에 물건을 보관하고 교환하는 장소가 필요하게 됩니다. 이것이 바로 시장의 탄생 배경입니다. 상품 생산의 분업은 곧이어 직업의 분업도 야기합니다. 과거에는 상품을 생산한 사람이 직접 시장에서 물건을 팔았다면, 분업의 원리가 도입 된 이후에는 시장에서 물건만을 전문적으로 파는 사람들이 발생합니다. 이것이 상인의 등장배경입니다.

이처럼 도시와 농촌은 밀접한 연결고리를 갖고 발전합니다. 시작은 농촌이었지만 점점 도시가 농촌보다 커집니다. 분업의 원리가 시장을 탄생시키고 그 시장이 커지면서 국가 전체의 부가 증가하는 원리입니다. 그렇다면 시장은 어떻게 작동하길래 국가 전체의 부를 증가시키는 것일까요? 애덤 스미스가 '보이지 않는 손'을 언급한 부분이 바로 이곳입니다. 애덤 스미스는 분업으로 인해 시장이 탄생하였고, 그 시장에는 '보이지 않는 손'이 작동해서 국가 전체의 부가 증가한다고 보았습니다.

이제 '보이지 않는 손'의 실체에 대해 파악해야 할 시점입니다.

3
가격을 조절하는
'보이지 않는 손'

개인의 이익과 공익의 연결고리

혹시 대학에서 경제학을 전공하고 싶은 학생이 있나요? 대학에서 경제학을 전공하면, 미시경제와 거시경제를 나누어서 배우게 됩니다.

미시경제는 말 그대로 작은 경제를 의미하는데, 가계, 기업, 정부 등의 경제 주체들의 행동과 상호작용들을 배우는 것입니다. 미시경제의 핵심은 시장의 작동 원리입니다. 시장이 어떻게 작동하는지 공부하는 것입니다.

거시경제는 시장을 넘어서서 한 국가에 일어나는 경제를 공부합니다. 한 국가에서 일어나는 물가, 실업률, 환율 등에 대해 배웁니다. 이 거시경제는 영국의 경제학자 케인즈 이후에 등장합니다. 그래서 케인즈를 거시경제의 창시자라고 부르기도 합니다.

그럼 애덤 스미스의 『국부론』은 미시경제일까요? 아니면, 거시경제일까요? 학생들 중에는 이런 구별에 집착하는 경우가 간혹 있더군요.

애덤 스미스의 『국부론』은 딱히 어느 쪽으로 확실히 구별되지는 않습니다. 애덤 스미스는 분업과 시장의 역할을 강조합니다. 이는 현재의 미시경제에 해당합니다. 하지만 애덤 스미스는 그런 개별 주체들의 행동이 한 국가의 발전을 이룩한다고도 합니다.

경제주체의 행동을 국가의 발전과 연결하는 순간 거시경제의 주제가 됩니다. 그러다 보니, 『국부론』을 미시경제와 거시경제로 구별하기가 쉽지 않습니다.

사실 미시경제와 거시경제는 학문의 발전에 따른 구별입니다. 일종의 분업의 원리가 학문에도 이루어진 것입니다. 분업은 분명 효율성을 높여주지만, 분업이 발달할 수록 전체 과정을 파악하기에는 더욱 어려워집니다.

경제학을 공부하는 입장에서는 미시와 거시의 구별은 한 곳에 더 집중할 수 있도록 만들어 주어서 효율적이지만, 경제 전체를 파악하기에는 쉽지 않습니다. 실제로 이런 구별에 반대하는 경제학자들도 상당히 많습니다.

현재의 경제학이 미시와 거시로 구별 된 것은 케인즈 이후라고 보면 됩니다. 그 전에는 하나의 경제학이었는데, 국가가 위기 극복을 고민하는 과정에서 케인즈는 경제학의 거시적 측면을 강조하게 되었습니다.

애덤 스미스가 『국부론』을 쓸 당시, 경제학은 정치경제학이라고 불렸습니다. 경제학은 독자적인 학문이라기보다는 정치와 연결되어 사회를 구성하는 학문이었습니다. 미시와 거시의 구별은 큰 의미가 없었습니다. 『국부론』 또한 미시와 거시를 구별하지 않았습니다. 한 국가의 경제는 하나인데 이를 나누어 보게 되면 전체를 파악할 수 없기 때문입니다.

그럼에도 『국부론』을 미시와 거시로 구별하면, 분업에 관한 이야기는 미시경제에 해당할 듯하고, 국가의 부의 증진에 관한 부분은 거시경제에 해당할 듯합니다. 물론 애덤 스미스에게 둘은 크게 다르지 않습니다.

애덤 스미스는 개인의 이익과 국가의 이익을 일치시키려고 노력한 인물입니다. 그리고 그 개인이익과 국가이익을 연결하는 고리가 '보이지 않는 손'입니다. 인간사회에 존재하는 자연법칙 같은 것입니다.

상품의 가격을 조절하는 '보이지 않는 손'

'보이지 않는 손'은 시장에 존재하는 법칙입니다. 시장을 잘 작동시키는 역할을 합니다. 그럼 자본주의 경제 시스템에서 시장의 첫 번째 기능은 무엇일까요?

앞에서 보았듯이, 시장은 상품의 교환을 도와줍니다. 누구라도 자신에게 필요하지 않은 상품이 있으면 팔 수 있습니다. 자본주의에서 시장의 가장 중요한 역할은 상품의 교환입니다.

그렇다면, 시장에서 상품이 교환되려면 무엇이 필요할까요?

우선 상품을 팔려는 사람과 사려는 사람이 있어야 합니다. 그리고 이 둘은 서로 계약을 맺어야 합니다. 어떠한 상품을 사고파는 것에 대해 합의를 봐야 합니다. 그럼 이 둘은 무엇을 합의해야 할까요? 바로 상품의 '가격'에 대해 합의를 해야 합니다.

기본적으로 상품을 생산하는 사람은 자신이 만든 물건을 통해 이윤을 획득하고 싶어 합니다. 자신의 노동이 상품에 들어가 있으니 그 상품을 팔아서 노동의 가치를 되돌려 받고 싶어 하는 것입니다. 그에 반해, 상품을 사려는 사람은 가장 저렴하고 질 좋은 상품을 사고 싶어 합니다. 손해를 보면서 물건을 사려는 사람은 없기 때문입니다.

이런 경제주체들이 모인 곳이 시장입니다. 그렇다면, 판매자와 구매자가 합의에 이르는 가격은 어떻게 이루어질까요? 우선 물건의 생산자는 상품을 만들기 위해 재료를 구입합니다. 그런 후에 노동을 통해 상품을 생산합니다. 상품의 가격은 생산자가 상품을 생산하기 위해 들인 비용보다는 높아야 합니다. 하지만 무턱대고 높은 가격을 책정하면 팔리지 않을 것입니다.

만약 철수가 책상을 만들어서 팔려 한다고 해볼까요?

철수는 나무와 못을 사고 꼬박 하루 동안 책상을 만듭니다. 나무와 못을 사는데 20,000원이 들었다고 하고 철수가 일을 하는 동안 소비된 생활비가 12,000원이었다고 해보겠습니다. 철수는 그 책상을 최소한 32,000원에는 팔아야 합니다. 그래야 손해가 없습니다. 32,000원은 최소한의 비용일 뿐입니다. 철수에게는 추가적인 이윤이 필요합니다.

철수는 시장에 가서 책상이 보통 얼마에 거래되는지 살펴봅니다. 일반적인 책상이 50,000원에 팔린다고 해봅시다. 철수는 자신이 만든 책상이 50,000원짜리 책상보다 좋아 보여 자신의 책상을 70,000원에 팔려고 했습니다. 자신이 직접 만들다 보니 남다른 애정이 생긴 것입니다. 철수는 자신이 있었습니다.

철수의 책상은 팔렸을까요? 아마도 팔리지 않았을 것입니다. 판매자인 철수는 자신이 만든 상품에 애정이 있어서 비싸게 팔고 싶었겠지만, 소비자들은 손해를 보고 싶지 않았을 것입니다. 게다가 철수는 책상을 처음 만들었기 때문에 기존의 책상보다 좋지도 않았습니다. 시장에 50,000원짜리 책상이 있는데, 철수의 70,000원짜리 책상을 살 사람은 없습니다. 철수에게는 안타까운 일이지만 어쩔 수 없는 일입니다. 철수는 자신의 책상이 기존의 50,000원짜리 책상보다 좋지 않다는 사실을 인정하고 그 가격을 45,000원으로 낮춥니다.

이번에는 어떻게 되었을까요? 시장에 존재하는 책상이 50,000원이었기 때문에 철수의 책상은 경쟁력을 갖게 됩니다. 다른 책상보다 5,000원 저렴한 철수의 책상을 구입하는 사람이 생깁니다. 사람들은 품질에서 약간 손해를 보더라도 가격이 저렴한 철수의 책상을 사게 됩니다. 그 결과, 철수는 자신의 책상을 팔아 이윤을 획득하게 됩니다.

애덤 스미스는『국부론』에서 자기 자신의 이익이 '보이지 않는 손'에 의해 공공의 이익을 증진시킬 수 있다고 합니다. 이는 철수가 시장에서 자신의 책상을 파는 과정을 보면 알 수 있습니다. 분명 철수는 32,000원에 책상을 만들었기 때문에 그 보다 비싼 가격에 책상을 팔면 됩니다. 32,000원보다 비싸게 팔기만 하면 개인의 이익은 증진합니다.

그러나 철수가 너무 개인의 이익만을 추구하기 위해 자신의 책상을

70,000원에 팔려고 한다면 그 책상을 산 사람은 손해를 보게 됩니다. 다른 책상을 50,000원에 살 수 있는데, 더 많은 돈을 지불하고 구입한 것입니다. 철수가 책상을 70,000원에 팔게 된다면, 그것은 철수에게는 이익이지만 그 책상을 구입한 사람에게는 손해가 됩니다. 즉 전체의 이익은 줄어들거나 변동이 없게 됩니다.

이때 등장하는 것이 '보이지 않는 손'입니다. 철수가 팔려는 70,000 원짜리 책상을 팔리지 않게 합니다. 50,000원짜리 책상이 있기 때문에 철수의 책상을 사고 손해를 보려는 사람은 없는 것입니다. 때문에 철수는 자신의 책상을 45,000원으로 가격을 낮춥니다. 이 가격에 책상을 팔아도 철수는 이익을 봅니다. 이와 동시에 50,000원짜리 책상보다 저렴한 가격에 철수의 책상을 산 사람들도 이익을 보게 됩니다.

이처럼 시장의 '보이지 않는 손'은 철수와 다른 사람의 이익 모두를 증진시키는 결과를 가져옵니다.

수요공급법칙으로의 발전

애덤 스미스의 '보이지 않는 손'은 이렇게 시장에서 상품의 가격을 조절해 줍니다. 적절한 가격에 물건이 거래되어야지만 판매자와 구매자 모두 이익을 보게 되고, 그 결과로 국가의 부가 증가합니다.

이런 애덤 스미스의 생각은 수요공급법칙으로 발전합니다. 물론 애덤 스미스 이전에도 시장에서의 수요와 공급은 중요하게 생각되었습니다.

하지만 이런 수요와 공급이 '보이지 않는 손'에 의해 결정된다는 생각은 애덤 스미스로부터 출발했습니다. 그리고 이 아이디어는 한계효용학파가 이어받습니다.

한계효용학파는 '한계효용'을 중시합니다. 여기서 '한계'는 내가 상품을 소비하는 마지막 한 단위를 의미합니다. 내가 사과를 7개 먹었을 때 최대한의 만족감을 느낀다고 해봅시다.

이때 한계의 개념은 내게 최대의 만족감을 주는 7번째 사과를 의미합니다. 그리고 '효용'은 그 7번째 사과를 먹었을 때 느끼는 만족감을 나타냅니다.

결국 '한계효용'은 인간이 최대한 만족감을 느끼는 소비가 몇 번째인지 알려줍니다. 이는 생산에서도 마찬가지입니다. 얼마만큼 생산했을 때 최대의 만족감을 주는지 보여주는 것입니다.

이런 한계효용 개념은 수요공급법칙을 통해 최대의 행복을 보여줄 수 있다고 믿어집니다. 그 결과 시장에서는 균형가격이 존재하고, 그 균형가격에 재화가 거래되면 가장 효율적인 부의 분배가 일어난다고 보는 것입니다.

조금 어렵나요? 여러분이 교과서에서 배우는 수요공급법칙이 바로 이 한계효용학파의 이론에 따른 설명입니다.

이처럼 애덤 스미스의 최초의 생각은 현대 경제학에 많은 영향을 미쳤습니다. 물론 앞에서 본 한계효용학파는 애덤 스미스의 이론을 발전시키기는 했지만, 애덤 스미스의 생각과는 조금 다릅니다.

한계효용학파부터 경제학에 수학이 도입되면서 인간의 행동을 이기적으로 파악하게 되었습니다. 이기적인 인간만이 하나의 방향성을 띄는 행동을 하고, 그 행동이 산술적으로 평가될 수 있기 때문입니다. 인간은 자신의 배가 부를 때까지는 항상 자신만을 위해 사과를 먹으려고 한다고 가정한 것입니다.

이는 애덤 스미스가 생각한 인간의 본성이 아닙니다. 논리철학자가 주장하기에는 너무나 단순한 주장입니다. 애덤 스미스의 묘비명이 바뀐 것처럼 그의 본래 생각이 변질된 대표적인 경우입니다.

4
필요한 곳에 분배하는 '보이지 않는 손'

자본주의와 불평등

여러분은 '정의'가 무엇이라고 생각하나요? 대답하기 쉽지 않은 질문입니다. 어렸을 적에는 '정의'란 악당을 물리치는 것이라고 생각했습니다. 많은 텔레비전 만화를 통해 알게 된 정의의 개념이었습니다. 하지만 나이가 들수록 정의가 무엇인지 점점 의문이 들었습니다. 만화처럼 악당이 분명해 보이지 않으니 무엇이 정의인지 알기 쉽지 않았습니다.

하버드 대학교의 마이클 센델 교수는 자신의 책 『정의란 무엇인가』에서 정의를 분배의 문제로 규정했습니다. 사회에 존재하는 많은 재화를 어떻게 공평하게 분배하는지에 따라 정의가 결정된다고 했습니다. 여러분도 이 책을 읽어 봤나요? 최소한 이 책의 이름은 들어봤을 것이라 생각됩니다. 워낙 유명한 책이니까요.

이 책을 보고 제가 생각한 정의는 너무 단순하다는 생각이 들었습니다. 어렸을 적에 생각했던 정의에서 한 발짝도 진전하지 못하고 있었던 것입니다. 많은 철학자들은 정의를 평등의 문제로 봅니다. 본질적으로 모든 인간은 평등한데, 왜 사회 속 인간은 평등하지 않은지 의문을 갖습니다. 그래서 정의로운 사회란 실질적인 평등이 이루어지는 사회라고 합니다. 즉 구성원들의 능력과 환경을 고려해서 평등을 추구하는 것입니다.

실제적으로 자본주의 사회에서 정의는 분배의 문제와 연결되어 있습니다. 한정된 재화를 공평하게 분배해야지만 정의로운 사회가 되는 것입니다. 자신이 일한만큼 정당한 대가를 받는 사회가 자본주의에서는 정의로운 사회입니다. 하지만 자본주의는 필연적으로 불평등을 낳습니다. 우리 사회가 그렇습니다. 미국과 유럽 또한 이 불평등의 문제를 피해갈 수 없습니다. 프린스턴 대학교의 엥거스 디턴 교수는 불평등에 관한 논문으로 2015년 노벨 경제학상을 수상하기도 했습니다. 이러한 점은 자본주의 내의 불평등 문제의 심각성을 반증한다고 볼 수 있습니다.

마르크스는 이 자본주의의 불평등 문제를 필연적으로 보았습니다. 자본주의의 출발은 상품의 생산에 있는데, 그 생산 부분에서 불평등이 시작된다고 보았습니다. 즉 상품을 생산하는 과정에서 자본가는 항상 노동자를 착취하게 되는데, 그 착취를 불평등의 시작으로 본 것입니다.

이런 마르크스의 생각은 자본주의가 발전하면서 점점 사실로 굳어졌습니다. 소득분배의 불평등을 이야기하는 경제학 용어 중에 '지니계수'가 있습니다. 이 지니계수는 0부터 1 사이의 숫자로 표현되는데, 불평등의 정도가 심할수록 1에 가까워집니다. 우리나라의 지니계수는 1991년에는 0.260이었는데 2009년에는 0.320이 됐습니다. 시간이 지날수록 불평등이 심화되었다는 이야기입니다. 특히 상위 1% 부자들에게 소득이 집중되면서 경제의 발전과는 상관없이 불평등은 심화되었습니다. 마르크스의 통찰력이 정확하게 들어맞은 결과인 셈입니다.

그렇다면 이런 불평등을 해결할 방법이 없을까요? 마르크스는 자본주의에서 이런 불평등을 필연적인 것이라고 보았습니다. 상품 생산 과정에서 일어나는 노동착취로 인해, 불평등은 해결될 수 없는 문제라고 보았습니다. 결국에는 불평등으로 인해 자본주의가 붕괴될 가능성이 있다고 까지 예상했습니다. 마르크스의 예언은 여전히 진행 중입니다.

그럼 애덤 스미스는 어떻게 생각했을까요? 마르크스보다 100년 정도 일찍 자본주의를 경험한 애덤 스미스는 자본주의가 불평등을 일으킬 것이라고 예상했을까요? 애덤 스미스는 이에 대해 명확한 답을 하지는 않았습니다. 다만, 그는 『국부론』에서 자본주의가 어떻게 재화를 분배하는지에 대해서 이야기했습니다. 이것이 '보이지 않는 손'의 새로운 역할입니다.

'보이지 않는 손'의 분배 방법

애덤 스미스는 『국부론』에서 국가의 부가 어떻게 증가하는지에 대해 깊은 고민을 합니다. 그가 생각한 국가의 부는 자본주의를 전제로 합니다. 사람들은 애덤 스미스가 국가의 부에 대해서 고민했다고 하니, 그가 경제성장만을 생각한 줄로 압니다. 그가 국가의 성장을 중요시 한 것은 맞지만, 그는 경제학자 이전에 철학자였습니다. 애덤 스미스의 관심은 경제성장보다는 사회발전에 초점이 맞추어져 있었습니다.

반대로 지금의 경제학자들은 사회발전은 뒤로하고 경제성장에만 관심이 높은 것 같습니다. 경제학자들은 사회 발전에 대해서는 가볍게 생각합니다. 그러나 최초의 경제학자인 애덤 스미스에게는 경제성장과 사회발전은 다른 것이 아니었습니다. 사회발전을 위해 경제의 성장이 필요했습니다. 만약 애덤 스미스에게 둘 중 무엇이 더 중요하냐고 묻는다면 그는 당연히 사회발전이 더 중요하다고 말했을 것입니다. 왜냐하면, 그는 사회의 정의에 대해 이야기한 최초의 경제학자이기 때문입니다.

앞에서 우리는 사회의 정의가 분배의 문제라고 보았습니다. 공평한 분배가 이루어져야 정의로운 사회가 된다는 것입니다. 애덤 스미스 역시 이 문제에 대해 같은 고민을 했습니다. 특히 그에게는 개인의 이익 추구와 사회의 정의가 어떻게 조화를 이룰지가 가장 큰 고민이었습니다.

애덤 스미스가 『국부론』에서 '보이지 않는 손'을 이야기하면서, 공공의 이익을 언급한 부분이 사회의 정의와 관련이 있습니다. 그에게 있어서 공공의 이익은 모든 사람들이 공평하게 혜택을 받는 것을 의미했습니다. 특히 개인의 이익 추구가 공공의 이익이 된다고 언급한 부분은 개인의 노력이 사회 전체에 공평하게 분배된다는 데에 의미가 있습니다.

개인은 자신의 이익을 위해서만 일해도 '보이지 않는 손'에 의해 공공의 이익은 달성된다고 애덤 스미스는 이야기합니다. 그럼 이 '보이지 않는 손'은 어떻게 개인의 이익추구 행동을 공공의 이익으로 만들어 줄까요?

애덤 스미스는 시장에 있는 '보이지 않는 손'이 재화를 공평하게 분배해 준다고 보았습니다. 자본주의가 시작되면서 사람들은 자급자족하지 않고 시장을 통해 필요한 상품을 공급받게 됩니다. 이런 시장이 존재한다는 것은 사람들 역시 시장에 필요한 물건을 판매한다는 의미가 됩니다. 과거에는 자급자족을 위해 생산했다면, 자본주의가 시작되면서 부터는 시장에 물건을 내다팔기 위해 상품을 생산하는 것으로 바뀌었습니다.

시장의 '보이지 않는 손'은 사람들이 만들어 낸 상품의 가격을 결정해 줍니다. 그 가격을 통해 손해 없이 상품을 구입하게 되는 것입니다. 그렇다면 이번에는 시장에 어떤 상품이 필요한지가 문제됩니다. 사람들에게 필요 없는 상품이 시장에 넘쳐나면 공공의 이익은 실현되지 못하니까요.

어쩌면 가장 중요한 문제는 사람들에게 필요한 상품을 어떻게 시장에 공급해주는가 입니다. 애덤 스미스는 그것 역시 '보이지 않는 손'이 해줄 것이라고 합니다.

다시 철수의 이야기로 돌아가 봅시다. 철수는 시장에서 책상을 45,000원에 팔았습니다. 다른 책상이 50,000원이었기 때문에 철수의 가격 책정은 유리했습니다. 게다가 철수가 책상을 반복해서 만들다 보니 책상의 품질도 향상되었습니다. 사람들은 일반 책상보다 가격이 저렴하고 품질 또한 차이가 없는 철수의 책상을 선호하게 되었습니다. 철수의 책상은 불티나게 팔리게 되었습니다.

철수가 책상을 만들어서 많은 돈을 버니 주변에서 너도나도 책상 만드는 일에 달려듭니다. 경쟁이 시작된 것입니다. 사람들 역시 45,000원에 책상을 팔다보니 시장에는 책상이 넘쳐나게 됩니다. 하지만 책상을 구입할 사람들은 예전과 차이가 없습니다.

철수는 어떻게 되었을까요?

철수가 만들어 놓은 책상은 경쟁이 심해져서 점점 안 팔리게 됩니다. 그래서 가격을 낮추었지만 많은 사람들이 책상을 이미 구입했기 때문에 잘 팔리지 않습니다. 철수가 가격을 낮추면 다른 경쟁자들 역시 경쟁에서 이기기 위해 가격을 낮춥니다. 책상 사업으로는 시장에서 더 이상 돈을 벌기 힘들어진 것입니다.

철수는 앞으로 책상 사업으로는 더 이상 돈을 벌기 힘들겠다는 것을 파악합니다. 자신에게 책상을 만드는 기술이 있으니 비슷한 다른 사업을 해보려고 합니다. 철수는 주변을 관찰하고 나서 사람들에게 옷장이 많지 않다는 사실을 발견합니다. 가구 만드는 작업은 비슷하니 철수는 과감히 업종을 바꿉니다. 철수는 책상을 더 이상 만들지 않고 옷장을 만들기 시작합니다.

철수는 옷장 사업을 책상 사업과 유사하게 시작합니다. 기존의 제품보다 가격을 낮추어서 공급합니다. 비슷한 품질의 제품을 저렴한 가격에 살 수 있으니 소비자들은 당연히 환영합니다.

만약 많은 판매자가 이러한 과정을 반복하게 되면 시장에는 사람들에게 필요한 물건이 점점 많아집니다. 철수의 경우만 생각해 보더라도 철수가 사는 지역에서 책상의 공급은 이미 충분합니다. 그리고 이제는 옷장의 공급이 충분해 질 것입니다.

어떤가요? 철수는 공공의 이익에 대해서 고민했나요? 당연히 아닙니다. 철수는 개인의 이익을 위해서만 고민했습니다. 어떻게 하면 상품을 만들어서 이익을 볼지 고민했을 뿐입니다. 다만 사람들에게 필요한 물건을 만든 것이 자신의 이익과 상관관계를 가진 것뿐입니다. 이게 바로 '보이지 않는 손'의 역할입니다.

이렇게 '보이지 않는 손'은 시장을 통해 사람들에게 필요한 물건을 공급해 줍니다. 상품을 만드는 사람들은 절대 공공의 이익을 고민하지 않습니다. 자신의 이익을 추구하다 보니 공공의 이익과 자연스럽게 연결된 것뿐입니다. 애덤 스미스는 시장에서 일어나고 있는 이러한 현실을 관찰했습니다. 그리고 이런 현상이 '보이지 않는 손'에 의해 일어난다고 본 것입니다.

'보이지 않는 손'과 정의로운 사회

잠시 '보이지 않는 손'에 대해 정리해 볼까요? 애덤 스미스는 '보이지 않는 손'을 통해서 개인의 이익 추구와 공공의 이익이 어떻게 조화를 이루는지 보여주려고 했습니다.

인간의 이기심이 전체에게 이익을 가져온다고 본 것입니다. 물론 이런 생각 때문에 미국인들은 자신들의 행동을 이기심으로만 파악하려는 오류를 범하기도 했습니다. 애덤 스미스가 인간을 이기적인 존재로만 본 것은 아닌데도 말이죠.

'보이지 않는 손'은 경제학적으로 분배의 원리를 설명한 최초의 이론입니다. 즉 경제학은 '정의'의 문제를 가장 현실적으로 접근한 학문이었습니다. 지금의 경제학이 성장과 분배를 따로 생각하고, 성장만을 중시하는 경제학이 된 것은 경제학의 본질을 잊은 것인지도 모릅니다. 경제학의 아버지인 애덤 스미스의 생각을 잘못 확장시킨 것입니다.

애덤 스미스는 경제학 공부를 자본주의의 시작과 함께 했습니다. 그가 생각한 자본주의는 어떤 시스템이었을까요?

『국부론』에서 애덤 스미스는 자본가의 이기심을 비판하고 노동자의 처지를 안타깝게 생각합니다. 하지만 그는 인간 각 개인의 차이는 계급에서 오는 어쩔 수 없는 일이라고 생각했습니다.

자본주의는 토지 소유자, 자본가, 노동자 계급을 전제로 성립한다고 보았기 때문입니다. 그에게 인간 사회의 계급은 운명과도 같은 것이었습니다.

그럼에도 애덤 스미스는 자본주의를 희망적으로 생각했을 것입니다. 그에게는 '보이지 않는 손'이 있었기 때문입니다. 그가 발견한 '보이지 않는 손'은 개인이 열심히 노력만 하면, 사회 전체가 발전할 수 있다는 원리였습니다. 자본주의가 정의로운 사회로 나아가는 지름길이 될 것이라 보았던 것입니다.

자본주의의 위대함을 찬양하는 사람들은 애덤 스미스의 생각을 근거로 합니다. 하지만 지금은 누구도 자본주의가 공평한 사회를 만들어 줄 것이라고 생각하지 않습니다. 다만, 일한 만큼 그 대가를 받을 수 있는 사회라고는 생각합니다. 실질적 평등을 실현할 수 있는, 즉 정의로움이 보장되는 사회일 것이라 믿고 싶을 뿐입니다.

하지만 안타깝게도 우리 현실은 애덤 스미스의 이론이 옳았다고 말하지 않습니다. 오히려 자본주의는 정의로운 사회로 나아가는 길의 장애물일 뿐입니다. 오히려 애덤 스미스의 생각을 비판한 마르크스의 생각이 현실에 더 적합성을 갖고 있습니다. 그렇다면 정말 애덤 스미스의 생각은 완전히 틀린 걸까요? 아직 단정하기에는 이릅니다. 우리는 애덤 스미스의 모든 생각을 아직 보지 않았습니다.

그에게 '보이지 않는 손'은 자연법칙 같은 것이었습니다. 언제나 인간에 의해 훼손 될 수 있는 성질의 것이었습니다. 애덤 스미스가 쓴 책은 『국부론』입니다.

'보이지 않는 손'은 그가 상상한 국가의 부를 증가시키는 방법의 기본원리일 뿐입니다. 그는 국가의 부를 증가시키기 위해서, 몇 가지 조건이 더 필요하다고 합니다. 그 조건이 충족되어야 국가의 부가 증가할 수 있다고 본 것입니다.

애덤 스미스는 '보이지 않는 손'을 잘 작동시킬 수 있는 정책의 필요성을 주장합니다. 생태계가 인간에 의해 훼손되기도 하고 보존되기도 하듯이, '보이지 않는 손'도 인간에 의해 훼손되기도 하고 보존되기도 한다고 생각한 것입니다.

★☆★ 왜 그랬을까요? ★☆★
애덤 스미스의 비판적 지식 습득

애덤 스미스는 프랑스를 여행하면서 중농주의 학파를 만났습니다. 그들의 이야기를 들으면서 경제학의 기초를 세울 수 있었습니다. 막연히 사회의 규칙과 도덕 문제만을 연구했던 애덤 스미스가 경제의 중요성을 깨달은 시기이기도 합니다.

그만큼 중농주의 학파의 지식은 애덤 스미스에게 위대해 보였을 것입니다. 새로운 시각을 전수해 주었기 때문입니다. 이런 새로운 이론을 발견하면, 사람들은 그 이론을 보통 과대평가합니다. 당연한 일입니다. 자신이 남들과 다른 이론을 알았다는 사실에 자부심도 생깁니다.

하지만 애덤 스미스는 달랐습니다. 프랑스 중농주의 학파의 장점과 단점을 엄격히 구별했습니다. 국가 부의 핵심을 인간의 노동으로 본 중농주의 학파의 주장은 분명 타당한 것이었지만, 농업만을 유일한 가치를 생산하는 산업으로 본 것에 대해서는 비판했습니다. 당시 중농주의는 농업만이 자본주의를 발전시키는 산업이라고 보았습니다.

애덤 스미스는 자본주의를 발전시키는 산업으로 제조업과 상업에 주목했습니다. 농산물도 중요하지만, 제조업에서 만드는 상품 역시 중요한 것이었습니다. 그리고 그의 이런 생각은 현실로 증명됐습니다. 농업은 점점 축소되었고 제조업은 점점 확대 되었던 것입니다.

애덤 스미스는 비판적으로 책을 읽고 습득했습니다. 지식 습득 과정에서 비판적으로 책을 읽는 것은 가장 중요한 방법입니다. 이는 마르크스와 같습니다. 자신의 지식을 만들기 위해서는 항상 다른 사람의 지식을 비판하고 평가해야 합니다.

여러분도 이 책을 너무 맹신하지 말고 비판적으로 읽어 보길 바랍니다. 유연한 사고는 청소년 여러분의 생각을 더욱 키워줍니다.

|생각이 자라는 질문 03|

– 여러분은 농업이 더 중요한 것이라고 생각한나요? 아니면 제조업이 더 중요한 것이라고 생각하나요? 농업니나 제조업을 더 중요한 산업이라 선택한 이유는 무엇인가요?

국가의
부가
증가하는
방법

1
경쟁의 밝음과
어두움

친구를 이기고 싶은 마음

저의 중학교 3학년 때 이야기입니다. 무더운 여름 날 저희 반은 체력장 연습이 한창이었습니다. 턱걸이, 윗몸일으키기, 100m 달리기 등의 종목을 체육시간마다 연습했습니다.

턱걸이나 윗몸일으키기는 항상 자신과의 싸움이었습니다. 자신의 한계를 분명히 알게 해주었습니다. 남들보다 못해도 어찌할 방법이 없었습니다. 갑자기 잘할 수 있는 종목도 아니었으니까요. 저보다 잘하는 친구가 있어도 '쟤는 원래 잘하니깐'하고 합리화하는 것이 최선이었습니다. 그런데 그렇게 그냥 넘길 수만은 없는 종목이 하나 있었습니다. 바로 100m 달리기입니다.

남자 중학교에서 달리기를 잘한다는 것은 운동을 잘한다는 것과 동의어였습니다. 대부분의 운동이 달리기를 기본으로 하니 크게 틀린 말은 아니었던 것 같습니다. 다른 체력장 종목은 단독으로 기록을 측정했던 것과 달리 100m 달리기는 짝이 있었습니다. 항상 똑같은 친구와 동시에 출발선에 서고는 했습니다.

저의 100m 달리기 짝은 저 보다 키가 조금 컸습니다. 하지만 운동신경은 제가 더 좋다고 평소에 자부하고 있었습니다. 처음 그 친구와 100m 출발선에 섰을 때, 전 제가 당연히 이길 줄 알았습니다. 그런데 그게 그렇게 마음대로 되지 않더군요. 제 짝은 키가 커서 그런지 저하고 기록이 비슷했습니다. 둘 다 14초쯤이었습니다. 결승선을 항상 똑같이 들어오는 느낌이었는데, 간발의 차로 제가 빠르거나 제 짝이 빠르거나 했습니다. 그 친구보다 기록이 뒤쳐졌을 때는 상당히 자존심이 상했습니다.

제가 분명히 기억하는 순간이 있습니다. 체력장 시험을 앞두고 마지막 연습 날이었습니다. 선생님은 똑같은 짝과 3번의 연습을 하라고 했습니다. 당연히 제 짝은 항상 저와 기록이 비슷했던 그 친구였습니다. 정말 지고 싶지 않았습니다.

첫 번째 기록 측정에서는 역시 둘 다 14초였습니다. 친구와 저는 100m 달리기를 출발선부터 결승선까지 나란히 뛴 것입니다. 두 번째 측정 때도 마찬가지였습니다. 출발이 조금 빨라도 들어오는 것은 똑같았습니다. 세 번째 측정을 위해 출발선에 섰습니다. 저는 정말 이기고 싶었습니다. 그리고 충분히 이길 수 있다는 생각도 있었습니다.

선생님의 깃발이 내려가고 저와 그 친구는 출발했습니다. 출발은 그 친구가 조금 빨랐습니다. 아차! 싶은 마음이 들었지만, 저는 이를 악 물고 뛰었습니다. 호흡을 하면서 리듬감을 유지했습니다. 그러다가 60m 지점쯤을 통과할 때였습니다. 갑자기 허벅지에 힘이 들어갔습니다. 그 순간부터 제가 그 친구를 제치고 나가기 시작했습니다. 그 친구와의 거리가 점점 벌어졌습니다. 결승선을 통과할 때 보니 10m 정도의 차이가 났습니다.

그 친구 기록은 14초로 이전과 같았는데, 제 기록은 13초 초반이었습니다. 다른 친구들이 제게 오더니 달리기가 그렇게 빨랐냐고 물었습니다. 정말 어리둥절했습니다. 갑자기 기록이 1초씩이나 단축 될 수 있다는 사실이 믿기지 않았습니다.

국가의 성장에 필요한 인간의 경쟁심

중학교 때 경험했던 100m 달리기는 어른이 된 후에 생각해봐도 정말 신기한 경험입니다. 그 후로 저에게 그런 짜릿한 순간은 잘 찾아오지 않았습니다.

가끔 그 순간을 떠올립니다. 그럴 때마다 왜 그런 일이 발생했는지 분석해보았습니다. 저는 그 경험의 원인을 제 친구와의 경쟁에서 찾았습니다. 친구를 이기고 싶다는 마음이 저의 잠재력을 폭발시킨 것입니다. 경쟁에서 이기고 싶다는 마음이 집중력을 높였기 때문에 기록을 단축시킬 수 있었다고 판단합니다.

이처럼 경쟁은 사람의 능력을 향상시킵니다. 당연한 이야기입니다. 누군가를 이기고 싶다는 마음이 자신의 능력을 변화시킵니다. 애덤 스미스 역시 인간의 이런 경쟁을 긍정적으로 바라보았습니다. 경쟁의 긍정적 효과가 국가 발전에 중요한 요소라고 생각한 것입니다.

우리는 '보이지 않는 손'의 역할에 대해 공부했습니다. 상품의 가격을 조절하고, 시장에 필요한 물건을 공급하는 것이 '보이지 않는 손'의 역할이었습니다. 그런데 애덤 스미스는 이런 '보이지 않는 손'이 작동하는 핵심 원인을 분명하게 설명하지는 않았습니다. 분명 어떤 현상에는 원인이 존재하는데 말입니다.

'보이지 않는 손'은 상품의 가격을 변화시키고 필요한 물건을 공급합니다. 하지만 현실에서 이를 수행하는 것은 언제나 사람입니다. 사람만이 상품의 가격을 바꾸고 필요한 물건을 공급합니다. 그럼 사람들은 왜 이런 행동을 하게 될까요? 이것이 '보이지 않는 손'에 숨겨진 원인의 단서입니다.

사람이 시장에서 이런 행동을 하는 것은 '보이지 않는 손'의 명령때문일까요? 아마 그렇지는 않을 것입니다. '보이지 않는 손'은 시장에 존재하는 자연법칙 같은 것으로써 인간의 행동에 직접 영향을 미치지는 않습니다.

이 문제의 정답은 인간의 경쟁심 때문입니다. 인간의 이기심에 바탕을 둔 경쟁심이 그 원인입니다. 이는 '보이지 않는 손'의 숨겨진 원리이기도 합니다. '보이지 않는 손'은 인간의 경쟁심을 바탕으로 작동합니다. 만약 인간에게 경쟁심이 없다면, 상품의 가격을 조절하거나 시장에 필요한 물건을 공급하지도 않을 것입니다. 다른 사람보다 이익을 얻으려는 마음이 존재하지 않으면 인간의 이런 행동을 설명할 수 없습니다.

애덤 스미스는 경쟁이 한 사람의 능력을 향상시킬 뿐만 아니라 공공의 이익을 증진시킨다고 보았습니다. 개인이 이익을 추구하는 과정에서 타인보다 더 많은 이익을 얻으려고 하는데, 이런 욕망이 '보이지 않는 손'에 의해 전체의 이익을 증진시킨다는 것입니다.

애덤 스미스는 경쟁을 이렇게 중요하게 생각했습니다. '보이지 않는 손'의 핵심 원리이기도 합니다. 특히 그는 경쟁이 자유롭게 이루어져야 한다고 보았습니다. 경쟁을 제한하는 국가의 정책은 모두 타당하지 않다고 주장했습니다.

애덤 스미스의 이런 생각은 현재에도 많은 영향을 미칩니다. 우리나라에서 경쟁을 최고의 미덕으로 생각하는 것도 이러한 이유입니다. 경쟁이 성장을 불러오니 모든 분야에 경쟁력을 강화시키려고 합니다. 초등학교 입학조차도 경쟁을 통해 결정하려고 합니다. 또한 이러한 경쟁은 국가의 부 증가에 어떤 영향을 미치는 것처럼 보입니다. 물론 그것이 긍정적인지 부정적인지에 대해서는 생각해봐야 할 문제입니다. 경쟁에는 긍정적 효과 말고도 부정적 효과 역시 분명하게 존재합니다.

경쟁으로 늘어난 일자리

자본주의의 발전은 경쟁을 필연적으로 확대합니다. 너도나도 경쟁에서 승리하기 위해 노력합니다. 일반적으로 우리는 경쟁이 개인의 능력을 향상시킨다고 생각합니다. 물론 틀린 말은 아닙니다. 하지만 경쟁은 현실에서 다른 측면의 역할을 수행합니다.

다윈은 진화론에서 '적자생존'의 개념을 언급합니다. 즉 자연에 적합한 자만이 살아남을 수 있다는 이야기입니다. 자연에 적응한 동물은 살아남아서 진화하고, 그렇지 않은 동물들은 멸종한다고 합니다. 이는 경쟁에서 승리한 동물만이 진화를 통해 생존할 수 있다는 뜻입니다.

이처럼 경쟁은 개인의 능력을 향상시키는 측면도 있지만, 현실에서는 생존의 문제가 됩니다. 경쟁에서 이겨야 살아남게 되는 것입니다. 자본주의가 발전하면서 경쟁이 심해졌다는 이야기는 그만큼 자본주의에서는 생존하기가 어려워졌다는 이야기도 됩니다.

너무 무서운가요? 하지만 어쩔 수 없는 현실입니다. 다윈이 관찰한 자연이 그렇듯이 자본주의 역시 크게 다르지 않습니다. 하지만 자본주의에서 경쟁의 심화는 새로운 긍정적 영향을 미치기도 합니다. 노동자의 일자리를 증가시키는 것이 그 긍정적인 측면입니다.

무슨 말인지 이해가 가나요? 현재 대한민국은 과도한 경쟁사회에 돌입했습니다. 패자부활전도 없어서 한 번 실패하면 더 이상 새로운 도전을 할 수가 없습니다. 때문에 사람들은 중고생 때부터 경쟁에서 유리한 위치를 차지하려고 노력합니다. 무조건 좋은 대학을 가기 위해 사투를 벌이는 것입니다.

이렇게 경쟁이 심해졌다는 것은 경쟁에서 얻게 되는 결과물이 크다는 의미이기도 합니다. 어떤 부모님들은 명문대학만 진학하면 성공적인 인생을 살 수 있다고 믿기도 합니다. 그러다 보니 경쟁에서 승리하기 위해 많은 비용을 서슴없이 지불합니다. 그만큼의 보상이 따른다고 믿기 때문입니다.

중고생들은 밤늦게까지 학원을 다니고, 대학에 입학한 학생 중에는 더 좋은 학교를 가기 위해 속칭 '반수'를 하기도 합니다. 그리고 대학교 졸업반이 되면 회사 입사를 위해 면접시험이나 토익시험 준비에 많은 비용을 지출합니다.

이런 경쟁 중심 사회에는 경쟁을 돕기 위한 직업들이 필연적으로 등장합니다. 한국의 사교육 시장이 확대된 것도 이와 같은 이유입니다. 대학교 졸업반 학생들이 다니는 토익학원 역시 입사 경쟁을 돕기 위해 새롭게 등장한 곳입니다.

즉 경쟁이 심해지면 경쟁을 돕는 사람 역시 많아진다는 이야기입니다. 경쟁의 증가가 새로운 일자리를 창출하는 효과를 발휘합니다. 그럼 경쟁을 통한 일자리 창출이 국가의 경제 성장에 도움이 될까요?

애덤 스미스의 설명에 따르면, 이런 일자리는 경제 성장에 도움이 되지 않습니다. 왜냐하면 이런 직업들은 모두 비생산적인 직업이기 때문입니다.

애덤 스미스는 인간의 노동을 생산적 노동과 비생산적 노동으로 구별합니다. 경제는 노동을 통해 만들어진 가치의 증가만큼 성장하는데, 그 노동 중에는 가치를 만드는 노동과 그렇지 않은 노동이 있다는 것입니다.

즉 생산적 노동은 가치를 만들어서 경제를 성장시키지만, 비생산적 노동은 그렇지 않다고 말합니다.

조금 어렵죠? 한 번 예를 들어보겠습니다. 보통 한 국가의 성장은 그 나라에서 생산한 상품 숫자의 증가를 의미합니다. 더 많은 상품을 생산해야지만 성장할 수 있는 것입니다.

그렇다면, 경쟁을 도와주는 직업들이 상품 생산에 도움을 줄까요? 토익학원을 생각해 볼까요? 토익학원에 있는 강사가 강의를 한다고 하면 어떤 가치가 증가할까요? 상품을 생산하지 않았으니 가치 또한 증가하지 않았습니다. 토익을 가르치는 강사의 강의는 경쟁을 도와주는 역할만을 할뿐입니다. 이는 사회 전체의 이익을 증가시키지 않는다는 뜻이기도 합니다. 철저히 개인의 이익만을 위한 역할인 것입니다.

우리는 일반적으로 경쟁을 긍정적으로 받아들입니다. 이는 애덤 스미스가 '보이지 않는 손'을 언급하면서 강조했던 점이기도 합니다. 경쟁이 인류의 발전에 도움을 준 것은 사실입니다. 인류는 경쟁을 통해 발전했습니다. 하지만 불필요한 경쟁은 우리 인간에게 많은 악영향을 끼치고 있습니다. 어떤 사람들은 경쟁을 통해 새로운 일자리가 창출되니 좋은 것이 아니냐고 합니다. 하지만 이는 자본주의를 정확히 이해하지 못했기 때문에 할 수 있는 말입니다.

경쟁을 돕기 위해 생긴 직업들은 모두 비생산적 직업들입니다. 국가의 부유함과는 관련이 없습니다. 오히려 생산적 노동을 통해 가치를 만들어내는 사람들의 임금을 훔치는 효과만 있습니다.

생산적 노동에 종사하기 위해 추가적인 비용을 지불하게 만들었기 때문입니다. 취업하기 위해 지출하는 토익학원 수강료를 생각하면 됩니다. 하지만 오해하지는 말기 바랍니다. 교육자체는 비생산적 노동이지만 인간에게 꼭 필요한 것입니다. 사람들을 생산적 노동에 종사시킬 수 있도록 도와주는 역할을 합니다. 다만 그 교육이 경쟁에서 살아남는 것을 도와주는 역할을 하는 순간, 그 교육은 단순한 비생산적 노동이 될 뿐이라는 뜻입니다.

경쟁이 심화될수록 인간의 능력이 발전하기 보다는 인간성의 상실이 나타납니다. 필요 없는 일에 과도하게 집중하게 되니 자신의 인생을 낭비한다는 느낌을 줍니다. 자본주의의 발전에 도움이 되지도 않고 말입니다. 경쟁이 주는 그림자는 시간이 지날수록 깊어집니다.

2
보호무역의
해로움

중상주의자가 주장한 보호무역

우리나라는 수출주도형 국가입니다. 대부분의 기업이 수출을 통해 이윤을 창출합니다. 이는 경제가 급속히 성장하기 시작한 70년대부터 대한민국이 추구한 나름의 전통이 있는 정책입니다.

하지만 수출주도형 정책에 대한 평가는 조금 갈립니다. 누구는 수출주도형 경제에는 한계가 존재하니 내수를 살려야 된다고 하고, 누구는 수출을 더욱 확대하는 방향으로 나아가야 한다고 합니다. 두 의견 모두 경제성장이라는 목표를 추구합니다.

하지만 그 방법에서 차이가 납니다. 두 정책 모두 장단점이 있겠지만, 수출이든 내수든 어느 한쪽으로만 치우친 정책은 문제가 있어 보입니다. 양쪽의 조화가 필요합니다.

애덤 스미스가 살던 시대의 경제 정책 목표도 지금과 같았습니다. 경제를 성장시켜 국가를 부유하게 만들려는 것은 지금과 똑같았습니다. 다만, 당시는 활발한 자유무역이 이루어지지 않던 시절입니다. 내수냐 수출이냐의 문제가 아니라 보호무역이냐 자유무역이냐의 문제였습니다.

여러분도 알겠지만 애덤 스미스는 보호무역을 비판했습니다. 보호무역이란 특정 산업을 보호하기 위해 자유로운 무역을 제한하는 정책입니다. 기령 우리니리가 철강 산업을 보호하기 위해 다른 국가로부터 철강제품의 수입을 제한하거나 철강제품의 수입에 높은 세금을 부과하는 정책들이 이에 해당합니다.

애덤 스미스는 자유무역을 주장했습니다. 그는 보호무역을 주장하는 사람들은 대부분 상인과 제조업자들인데 이들은 겉으로는 보호무역을 주장하면서 속으로는 시장의 독점을 추구한다고 보았습니다.

다른 국가에서 만든 값싼 상품을 시장에 들어오지 못하게 해서 자신들이 만들거나 수입한 상품만 팔 수 있게 하려는 것입니다. 애덤 스미스는 독점만을 싫어한 것일까요? 만약 보호무역이 시장의 독점을 발생시키지 않는다면 찬성했을까요?

이 질문의 정답은 모두 '아니다'입니다. 애덤 스미스는 독점뿐만 아니라 보호무역 자체도 바보 같은 정책이라고 비판했습니다. 그는 보호무역과 독점 모두에 찬성하지 않았습니다. 이러한 애덤 스미스의 주장은 지금 우리가 처한 현실을 분석하는데 도움이 될 수 있습니다.

FTA 정책을 보면, 현재 대한민국은 미국, 중국, 유럽 등과 FTA(Free

Trade Agreement, 자유무역협정) 협정을 체결하고 있습니다. 국가 간에 좀 더 자유로운 무역을 통해 이익을 증진시키자는 것이 FTA 정책의 취지입니다.

하지만 이런 정책을 추진할 때마다 많은 노동자와 서민들은 반대를 합니다. 기업들만 찬성합니다. 무엇인가 이상하지 않나요? 애덤 스미스가 살던 시절에는 상인과 제조업자가 보호무역을 좋아했는데 말이죠.

보호무역을 옹호하는 논리

우리가 자랑스럽게 생각하는 역사 중 하나가 '한강의 기적'입니다. 1970~1980년대 고도의 압축 성장을 빗댄 말입니다. 이 고도의 경제 성장의 기초가 된 정책이 수출주도형 정책입니다. 지금도 여전히 추진되고 있는 정책입니다.

그리고 또 하나 중요한 정책이 있는데 바로 '보호무역' 정책입니다. 중요한 산업을 육성하기 위해 다른 나라에서 수입된 상품에 높은 관세를 부과하는 정책입니다.

1970년대의 경제 정책을 요약하면, 수출은 지속적으로 확대하고 새로운 산업은 보호하면서 키워나가는, 장점만을 추구하는 방식이었습니다.

영국 케임브리지 대학교의 장하준 교수는 자신의 책『그들이 말하지 않는 23가지』에서 이런 보호무역을 옹호했습니다. 그는 '한강의 기적'은 이런 보호무역의 성공을 기반으로 한다고 주장합니다.

장하준 교수의 논리는 이렇습니다. 우리가 어린아이들을 학교에서 교육시키고 부모의 보호를 받게 하는 이유는 그들에게는 아직 경쟁 준비가 돼있지 않기 때문이라고 합니다. 경쟁의 준비가 안 된 어린아이들에게 경쟁을 하라는 것은 말이 안 된다는 뜻입니다.

보호무역도 이와 같은 원리라고 말합니다. 한 국가의 산업 경쟁력이 뒤떨어지면 국가가 나서서 보호를 해주고 경쟁력을 키워줘야 한다는 것입니다. 경쟁력을 갖춘 후, 시장에서 경쟁할 수 있게 해야 그 산업이 안정적으로 발전할 수 있다는 이야기입니다.

여러분의 생각은 어떤가요? 장하준 교수의 이야기가 맞는 것 같나요? 경제학 지식이 없으면 장하준 교수의 이야기는 모두 옳은 것처럼 보입니다. 어린아이들이 학교에서 교육을 받고 가정에서 부모의 보호를 받는 것은 당연한 것으로 여겨지기 때문입니다. 당사자인 여러분들은 더욱 공감할 것 같습니다. 하지만 애덤 스미스는 정반대로 이야기합니다.

애덤 스미스는 자본주의에 대한 이해가 깊었습니다. 특히 '자본'의 성질을 정확히 이해했습니다. 자본이란 상품을 생산해서 가치를 증진시키려는 일정한 화폐의 양을 의미합니다. 이윤을 남길 수 있는 곳이라면 어디든지 찾아갑니다. 애덤 스미스가 살던 당시에도 보호무역은 똑같은 논리로 옹호되었습니다. 경쟁력이 약한 산업을 키우기 위해 국가가 보호하면 나중에 그 산업을 통해 많은 이윤을 획득할 수 있다는 것이었습니다. 하지만 애덤 스미스는 그 말에 동의하지 않았습니다. 품질도 좋고 값도 싼 상품을 다른 국가를 통해 수입할 수 있는데 굳이 경쟁력이 약한 상품을 키우기 위해 품질도 낮고 비싼 국산품을 사도록 하는 것은 바보 같은 짓이라는 것이었습니다. 애덤 스미스는 보호무역을 국가의 부를 낭비하는 것으로 보았습니다.

상품에는 가치가 있는데, 품질이 낮고 비싼 상품을 구입하는 것은 낮은 가치의 상품을 비싸게 구입하는 것과 같다는 이야기입니다.

경쟁력이 낮은 산업을 육성하기 위해 국가의 부를 굳이 소비하지 않아도, 자본은 최대의 이윤을 창출하는 산업에 투자되기 마련이라고 애덤 스미스는 주장합니다. 이것이 '보이지 않는 손'의 역할이기도 합니다. 애덤 스미스는 보호무역을 실시하는 국가는 특정 산업의 독점을 오히려 허용할 수밖에 없다고 말합니다. 그리고 이런 독점이 허용되면 그 상품은 시장에서 적절한 가격으로 교환되지 않게 됩니다. 즉 독점하게 된 상인과 제조업자는 상품의 가격을 올려 부당이득을 챙기게 된다는 것입니다.

여러분은 누구의 말이 더 설득력이 있어 보이나요? 다시 대한민국의 상황으로 돌아와 보죠. 대한민국은 70년대부터 중화학공업을 집중적으로 육성했습니다. 대표적인 것이 철강 산업이었습니다. 포항에는 포항제철이라는 큰 기업이 있었는데 지금은 포스코로 그 이름을 바꿨습니다. 철강분야에서 한때 세계최고의 기업으로 인정받았습니다. 하지만 이런 보호무역 정책은 당시 심각한 경제위기를 초래하기도 했습니다. 육성하는 산업이 쉽게 경쟁력을 획득하지 못하면서 국가의 빚이 자꾸만 늘었던 것입니다. 물론 결론적으로는 육성하던 산업이 성공적으로 성장해서 국가에 도움이 되었지만, 만약 경쟁력을 갖추지 못했더라면 우리나라는 크게 위험했을 수도 있습니다.

이런 보호무역 정책은 외부적으로는 경쟁력을 갖추는 것이지만, 내부적으로는 시장에 반드시 독점을 탄생시킵니다. 이러한 독점은 정경유착 즉, 정치와 경제가 붙어서 수많은 비리를 발생시킵니다. 기업은 정치권에 돈을 갖다 주고 시장에서의 독점을 보장받는 형식입니다.

특히 지금 존재하는 대기업들은 보호무역이라는 이름아래 정부로부터 독점을 보장받았고 그 결과, 대기업들은 국내에서 경쟁 없이 수많은 이윤을 획득할 수 있었습니다.

우리나라가 1997년에 IMF로부터 구제 금융을 받으면서 큰 위기를 맞은 것도 이러한 70년대 보호무역 정책과 연결되어 있습니다. 당시 대기업들은 정부의 도움으로 경쟁 없이 성장했기 때문에 문어발식 투자를 했습니다. 은행에서 빚을 얻어서 새로운 산업에 투자하고 사업을 시작했던 것입니다. 어차피 독점이 보장되어 있어서 이윤이 안정적으로 획득되니 걱정이 없었습니다. 기업은 자꾸 몸집만 키울 뿐 부실해져 갔습니다. 그러다가 경제위기가 도래하자 기업들은 부실한 몸통을 지탱하지 못하고 부도가 났습니다. 결국, 국가의 경제위기라는 더 큰 결과를 초래하게 되었습니다.

애덤 스미스가 옳았다

애덤 스미스의 통찰은 지금도 유효합니다. 분명 한국 경제가 보호무역을 통해서 급속히 성장했지만, 그 성장의 뒷면에는 깊은 그림자가 있었습니다. 게다가 보호무역은 일종의 도박과도 같은 정책이었습니다. 만약 보호무역을 통해 육성한 산업이 성장하지 못했다면 국가 전체의 위기와 직결되었을 것입니다. 차라리 독점을 방지하고, 공정하고 자유로운 경쟁을 유도하는 정책을 펼쳤다면 안정적인 경제 성장과 연결되었을지도 모릅니다.

애덤 스미스가 보호무역을 비판한 가장 큰 이유는 독점 때문이었습니다. 그는 시장에서의 독점을 경제성장의 가장 큰 적으로 간주했습니다. 그럼 독점은 정말 나쁜 것일까요?

대부분의 기업은 독점을 꿈꿉니다. 시장을 점령하고 싶기 때문입니다. 한 기업이 어떤 산업에서 독점적 지위를 갖게 되면 이윤 획득이 쉬워지기 때문입니다. 시장을 독점한 기업은 시장에 존재하는 균형가격보다 상품의 가격을 높일 수 있게 됩니다. 이렇게 되면 이윤을 훨씬 쉽게 획득할 수 있습니다.

독점이 이뤄지면 특정 상품을 공급하는 기업이 하나밖에 없기 때문에 소비자들에게는 선택의 여지가 없어집니다. 독점 기업이 상품을 비싸게 팔아도 살 수 밖에 없는 상황입니다. 이러한 점은 소비자들, 나아가 국가 전체에 많은 악영향을 미칩니다.

시장을 독점한 기업은 상품의 품질 개선을 게을리 하게 됩니다. 어차피 소비자들에게 선택권이 없으니 나태해지는 것입니다. 그리고 소비자들은 높은 가격 때문에 다른 상품을 소비할 여력을 줄입니다. 이는 다른 산업을 부실하게 만드는 원인이 됩니다.

실제로 이런 악영향 때문에 국가는 시장의 독점을 방지하려고 노력합니다. 특히 미국에는 시장 독점을 금지하는 여러 법안이 존재합니다. 만약 시장의 독점이 심해지면 정부가 기업의 분할을 명합니다. 즉 독점 기업을 여러 개로 나누어서 경쟁을 시키는 것입니다. 우리나라도 공정거래위원회라는 곳에서 이런 역할을 합니다.

하지만 우리나라는 독점을 방치하면서 경제성장을 이룩한 곳이기 때문에 미국처럼 강력한 조치는 하지 않습니다. 독점이 인정되면 그 기업의 불법을 더 철저히 감시합니다. 강도의 차이는 있지만, 모두 애덤 스미스의 이론을 기반으로 한 정책입니다.

애덤 스미스는 보호무역을 비판하지만 예외를 인정합니다. 독점을 무조건 나쁘게만 보지는 않았습니다. 독점에도 빛과 그림자가 있다는 사실을 파악했습니다. 애덤 스미스는 당시 영국의 해운업에 대해서는 보호무역을 허용해야 한다고 했습니다. 해운업은 영국의 국방과 직결되는 산업이었기 때문입니다.

섬나라인 영국에서 해군은 중요한 역할을 차지합니다. 해운업은 해군과 관련된 산업이기도 한데, 해운업의 안정적인 성장은 영국의 해군을 성장시키는 것이었습니다. 즉 공공의 이익을 위해서라면 시장의 독점은 허용될 수 있다는 것이 애덤 스미스의 입장이었던 것입니다.

우리나라는 철도, 항공, 전기 같은 공공산업에 독점을 허용합니다. 덕분에 소비자들은 낮은 가격으로 질 좋은 서비스를 누릴 수 있습니다. 만약 이 부분에 경쟁이 시작되면 가격은 오히려 상승하게 될 것입니다. 공공산업은 거대한 자본이 필요하기 때문에 자유로운 경쟁자체가 이루어질 수 없는 성질의 산업이기 때문입니다. 경쟁이 이루어져도 몇몇 소수 기업의 경쟁이므로 독점과 유사해 질 수밖에 없습니다. 공익이 아닌 사익만을 추구하는 기업들이라면 이윤을 얻기 위해 틀림없이 서비스의 가격을 올리게 될 것입니다.

그럼 FTA는 좋은 정책인가?

우리는 앞에서 애덤 스미스의 주장을 검토했습니다. 애덤 스미스는 보호무역으로 얻을 수 있는 이익은 불확실한 반면, 그 부작용은 심각하다고 주장합니다. 애덤 스미스는 국가의 부가 증가하는 곳을 시장으로 보았는데, '보이지 않는 손'은 그 시장을 작동시키는 핵심적 역할을 합니다. 하지만 보호무역은 독점을 통해 시장의 원활한 작동을 방해합니다. 애덤 스미스는 보호무역이 시장의 원활한 작동을 방해하기 때문에 비판한 것입니다.

그렇다면, 애덤 스미스는 우리가 현재 맺고 있는 FTA 협정을 어떻게 평가할까요? 무역을 더욱 자유롭게 만드는 것이니 찬성하는 입장일까요?

애덤 스미스는 자본주의 초기의 인물입니다. 『국부론』을 쓸 당시만 해도 자본주의가 가져올 부작용을 완벽하게 파악하지 못했습니다. 그가 자유무역을 주장할 당시에는 국가 간의 수출과 수입이 자유롭지 못했습니다. 상인과 제조업자에 의해 보호무역이 막 확립된 상태였습니다. 하지만 지금은 다릅니다. 자유무역이 일상이 되었습니다. 비록 관세가 있지만 세계는 이미 하나의 시장처럼 되었습니다. 무역을 제한하는 이유는 다른 국가의 상품이 자국 시장에 들어와 독점을 형성하지는 않을까 하는 걱정에서입니다.

　만약 외국 상품의 경쟁력이 강해서 국내 시장을 장악하면, 기존의 회사들은 시장에서 퇴출될 수밖에 없습니다. 이렇게 되면 그 외국 회사는 국내시장을 독점하게 될 것입니다. 그 과정에서 노동자와 일반 소비자는 막대한 손해를 보게 됩니다. 처음에는 좋은 상품이 들어와서 좋다고 생각하지만, 독점이 이루어지고 나면 가격이 오르기 때문입니다. 국내기업에서 일하던 노동자들은 일자리를 잃게 되고 상품의 가격은 오르게 됩니다.

　현재의 FTA 정책은 철저히 기업의 이윤을 위한 정책입니다. 기업에게 상품을 판매할 시장을 좀 더 확장시켜주려는 정책인 것입니다. 이는 애덤 스미스가 살던 영국에서 보호무역이 상인과 제조업자만을 위했던 것과 같은 이치입니다. 결국 특정 자본가만을 위한 정책일 뿐입니다. 애덤 스미스가 지금의 현실을 관찰했다면, FTA 정책도 당연히 비판했을 것입니다. FTA 정책은 특정 자본가만을 위한 정책이고 시장의 '보이지 않는 손'을 무력하게 만들 확률이 높으니 말입니다.

　어떤 사람들은 애덤 스미스가 자유무역을 옹호했기 때문에 FTA 정책도 옹호할 것이라 생각합니다. 그러나 이는 애덤 스미스의 이론을 정확히 이해하지 못한 사람들의 주장입니다. 애덤 스미스가 자유무역을 옹호한 것은 국가의 부를 증가시킬 수 있기 때문이었지 자유무역을 좋아했기 때문이 아닙니다. 그는 특정 자본가들이 시장의 작동을 방해하는 것을 용납하지 않았습니다. 이러한 부분은 그의 이론이 왜곡되어 잘못 전달된 또 하나의 부분이기도 합니다.

3
시장이 커지면 경제가 성장한다

애덤 스미스와 마르크스의 시장

'시장'이라는 단어는 우리에게 특정한 공간을 상상하게 합니다. 어떤 학생은 대형 마트를 떠올리기도 하고 어떤 학생은 전통시장을 떠올리기도 합니다. 전통시장은 우리가 알고 있는 시장이라는 명사를 가장 잘 보여주는 장소입니다. 경제학에서 이야기하는 시장은 더 큰 개념입니다. 상품의 유통과 상품의 구입이 가능한 추상적인 영역을 지칭합니다.

처음 경제학을 공부할 때, 이 시장의 개념이 명확하지 않습니다. 사전을 찾아봐도 이해하기가 쉽지 않기 때문입니다. 우선 시장의 개념부터 설명해 보겠습니다.

우리가 일반적으로 알고 있는 시장은 물건을 사는 곳입니다. 그 시

141

장에는 상품을 파는 상인들이 있습니다. 그 상인들은 상품을 어디에서 가지고 올까요? 어렵지 않은 질문입니다. 상인들은 공장에서 자신이 판매하려는 상품을 가져옵니다.

상품이 공장에서 생산되면 그 상품은 상인들에게 넘어갑니다. 그리고 상인들은 그 상품을 소비자에게 판매합니다. 경제학에서 이야기하는 시장은 공장에서 생산된 상품이 소비자들에게 판매되는 과정 전체를 말합니다. 즉 노동자가 공장에서 부가한 상품의 가치가 시장이라는 곳에서 실현되는 것입니다. 물론 그 가치는 상품을 만든 자본가에게 화폐로 회수됩니다.

애덤 스미스 이후 시작된 경제학은 이 시장을 가장 중요하게 보았습니다. 자본주의는 시장이 존재함으로써 유지된다고 보았습니다. 애덤 스미스가 말한 '보이지 않는 손' 역시 시장의 작동원리를 의미합니다. 한 마디로 시장은 자본주의 경제에서 반드시 필요한 부분입니다.

한 번 생각해 보죠. 시장이 없다면 어떻게 될까요? 시장이 없다면 우리는 필요한 물건을 살 수 없을 것입니다. 교환 장소가 없어졌으니까요. 나아가 시장이 없으면 분업도 필요하지 않습니다. 분업이 상품 생산에 효율적이라는 것은 시장을 전제로 한 것이기 때문입니다. 시장이 없어서 상품을 팔 수 없다면, 분업은 불필요한 물건을 빠르게 만드는 것에 불과합니다. 시장이 없다면, 우리는 모두 자급자족하며 살아야 합니다.

애덤 스미스는 국가의 부와 노동자가 만들어 낸 가치의 증가가 일치한다고 보았습니다. 그는 상품에 포함된 가치만이 인간을 부유하게 만들 수 있다고 믿었습니다. 마르크스 역시 이 부분에 대해서는 같은 생각이었습니다.

그에 반해 중상주의자들은 국가의 부를 화폐의 증가로 보았습니다. 중상주의자들은 상업을 통해 화폐를 증가시켜야 부가 증가된다고 본 것입니다. 이는 시장에서 가치를 만들어 낼 수 있다는 믿음을 기본으로 합니다. 그런데 마르크스는 『자본론』에서 상품의 유통은 가치를 생산하지 않는다고 주장합니다. 이 말은 시장에서는 가치가 생산되지 않는다는 뜻입니다. 가치는 노동에 의해서만 만들어지는데, 시장은 상품을 이동시킬 뿐이므로 가치를 만들 수 없다는 이야기입니다.

애덤 스미스와 마르크스 둘 다 노동의 가치를 중요하게 생각했습니다. 애덤 스미스는 노동의 가치가 분업으로 증가하면 국가의 부가 증가한다고 보았고, 마르크스는 노동자가 생산한 노동의 가치가 자본가에 의해 착취된다고 보았습니다. 애덤 스미스가 자본주의 초기의 모습을 통해 자본주의의 전체 구조를 관찰하려고 했다면, 마르크스는 자본주의의 문제점을 본격적으로 탐구한 것입니다. 그러나 두 경제학자에게는 이런 관점 이상의 차이가 있습니다. 시장의 중요성을 다르게 평가한 것입니다.

시장을 사랑한 애덤 스미스

마르크스는 자본주의가 인간을 파멸의 길로 안내할 것이라 생각합니다. 자본주의는 필연적으로 노동자를 더 착취할 것이고 그 결과, 불평등이 심화되어 자본주의는 붕괴할 것이라 예상했습니다. 마르크스에게 붙은 혁명가 이미지는 바로 자본주의에 대한 그의 생각 때문입니다. 그는 자본주의가 붕괴될 것이니, 혁명으로 새로운 세상을 설계하자고 주장한 것입니다.

이런 마르크스와 달리 애덤 스미스는 안정된 사회의 발전을 이야기합니다. 자본주의라는 제도에서는 자신의 이익을 위한 경제활동이 '보이지 않는 손'에 의해 전체의 이익을 증가시킬 것이라 보았습니다. 특히 그는 시장의 역할에 초점을 맞췄습니다. 시장이 존재해야지만 경제가 발전한다고 생각했습니다.

애덤 스미스는 『국부론』에서 축산업과 농업의 관계에 대해 설명합니다. 축산업의 예로 소를 키우는 농장을 이야기합니다. 우리는 축산업과 농업이 무슨 관계에 있는지 잘 상상하지 못합니다. 그러나 애덤 스미스는 이 두 산업이 밀접한 관련을 갖는다고 말했습니다.

소를 키우려면 기본적으로 사료가 필요합니다. 지금은 사료를 만드는 회사가 따로 있지만, 옛날에는 농사를 통해 얻은 곡식을 소의 사료로 사용했습니다. 축산업으로 생계를 이어가려면, 농산물을 생산하여 얻는 이윤보다 그 농산물을 소의 사료로 사용하여 얻는 이윤이 더 커야 합니다. 만약 소를 팔아서 남는 이윤이 농산물을 팔아서 얻는 이윤보다 적으면 축산업은 존재할 수 없습니다.

축산업은 농업의 발전을 필요로 합니다. 소를 키우기 위해서는 반드시 남는 농산물이 있어야 합니다. 따라서 농업의 발전은 축산업을 발전시킵니다. 하지만 소를 키우는 축산업만이 농업을 통해 발전하는 것은 아닙니다. 농업 역시 축산업의 발전을 필요로 합니다.

농업은 토지를 기반으로 하기 때문에 토지의 비옥도는 농산물 생산에 큰 영향을 미칩니다. 사람들이 땅에 비료를 뿌리는 이유는 땅의 비옥도를 높여 농산물 생산을 늘리기 위함입니다.

이 비료는 사람의 인분을 통해서도 얻을 수 있지만 그것만으로는 부족합니다. 시골에서 동물을 키우는 것은 토지를 비옥하게 할 비료를 얻기 위해서이기도 합니다. 사정이 이렇다 보니, 축산업이 발전한 곳은 자연스럽게 농업도 발전하게 됩니다.

애덤 스미스는 이런 농업과 축산업의 관계를 정밀하게 관찰했습니다. 그러면서 어떻게 하면 양쪽 산업을 모두 발전시킬 수 있을지 고민했습니다. 그는 한쪽 산업이 발전하면, 다른 쪽 산업 역시 자연히 발전할 수 있다고 생각했습니다. 그렇다면, 농업과 축산업 중 어느 쪽이 우선적으로 발전돼야 할까요?

일반적으로 농업은 토지에 영향을 받습니다. 그리고 토지의 비옥도는 비료 공급에 영향을 받고요. 비료는 가축을 키워서 얻게 되니, 축산업의 발전 없이 농업 스스로 발전하는 것은 쉽지 않습니다. 축산업의 발전만이 농업의 발전을 이끌어 줄 수 있습니다. 그럼 축산업은 어떻게 발전할 수 있을까요?

축산업은 소를 통해 얻는 이익이 농업을 통해 얻는 이익보다 높을 때 등장합니다. 소를 통해 얻는 이익은 소의 가격을 통해서 결정됩니다. 소의 가격이 높아야 소를 팔아서 얻는 이윤이 많아집니다. 여기서 가장 중요한 문제가 등장합니다. 소의 가격을 어떻게 올릴 수 있을지하는 문제입니다.

소의 가격을 올리는 방법

기본적으로 상품을 생산하는 데는 비용이 듭니다. 일명 생산비입니다. 이 생산비는 시장에 등장하는 상품의 최초 가격에 영향을 미칩니다.

생산된 상품이 시장에 등장하면 그 상품의 가격은 수요와 공급에 의해 영향을 받습니다. 수요가 증가하면 가격이 오르고, 수요가 감소하면 가격은 떨어집니다. 이런 변화는 공급에서도 마찬가지로 일어납니다. 경쟁자가 늘어서 공급이 늘면 가격은 떨어지고, 경쟁자가 줄어서 공급이 줄면 가격은 오릅니다. 기업이 시장을 독점하려고 하는 이유는 공급 측면에서 가격을 올리고 싶어 하기 때문입니다. 하지만 한 시장을 독점하는 것은 쉽지 않습니다. 경쟁자보다 압도적인 장점이 있어야 하는데 이것은 그리 쉬운 일이 아니기 때문입니다.

소를 시장에 파는 축산업의 경우, 다른 경쟁자를 압도해서 독점적 지위를 차지하는 것이 더욱 어렵습니다. 소의 품질은 사람의 힘에 의해 쉽게 변하지 않기 때문입니다. 소의 품질을 변화시키기 어려우니, 소의 가격을 올리기 위해서는 수요 측 요인을 생각해야 합니다.

원칙적으로 상품의 가격이 오르려면 수요가 증가해야 합니다. 시장에 공급된 상품보다 그 상품을 원하는 사람들이 많으면 가격은 오를 수밖에 없습니다. 하지만 이 역시 쉽지 않습니다. 특히 축산업의 경우, 품질 혁신이 쉽지 않습니다. 갑자기 사람들이 소고기에 중독되지 않는 이상 불가능합니다. 그렇다면 방법은 딱 한 가지입니다. 바로 시장의 확장입니다.

애덤 스미스는 "스코틀랜드가 잉글랜드와 합병함으로써 얻은 모든 상업적 이익 가운데 가장 큰 이익은 소 가격의 상승일 것이다. 그것은 모든 고원지대의 토지 가치를 상승시켰을 뿐 아니라 저지대의 개량의 가장 주요한 원인이었다."라고 말했습니다.

이처럼 애덤 스미스는 시장의 확대가 수요를 증가시켰고 그로인해 다른 산업에 영향을 미쳤다고 이야기합니다. 즉 시장이 확장되어 소의 수요가 증가했고, 소의 가격 역시 상승했다는 것입니다. 소의 가격이 높아지면 농업보다 축산업을 하려는 사람이 많아지고, 이렇게 되면 소의 풍부한 비료를 통해 토지의 비옥도가 높아져 농업 역시 발전하게 됩니다. 한 쪽 산업의 발전이 다른 쪽 산업의 발전을 이끌게 되면 그 결과로 국가 전체의 부가 증가합니다.

애덤 스미스는 이런 경제 발전의 핵심을 시장의 확장으로 보았습니다. 우리가 앞에서 본 FTA 정책도 애덤 스미스의 이론으로 해석이 가능합니다. FTA는 필연적으로 시장을 확장시키고, 시장의 확장은 한 산업의 발전을 발생시킵니다. 한 산업의 발전이 다른 산업의 발전에 영향을 미치게 되면 결국 국가 전체의 부가 증가하는 것입니다.

하지만 애덤 스미스의 생각과 FTA는 조금 다릅니다. FTA는 유리한 산업의 시장을 확장시키고 불리한 산업의 시장을 죽이는 효과가 있습니다. 게다가 자본주의가 고도로 발전된 현재에는 산업 간의 연관성이 많이 줄어들었습니다. 더 이상 축산업의 발전이 농업의 발전을 이끌지 못하는 것처럼 말입니다.

  애덤 스미스가 시장의 확대를 통해 다른 산업의 발전을 이야기한 부분은 상당히 놀랍습니다. 자본주의 전체를 분석하고 연구한 것입니다. 특히 이는 '보이지 않는 손'의 또 다른 역할을 의미합니다. 자본주의는 노동의 가치를 기초로 합니다. 하지만 그 가치의 발전에는 반드시 시장이라는 '보이지 않는 손'이 필요합니다. 현재의 경제학이 시장을 중심으로 이론을 발전시킨 이유에는 바로 애덤 스미스의 이런 연구가 있었기 때문입니다.

4
공평한 분배의
중요성

자본주의의 세 계급

대한민국은 평등사회입니다. 헌법 11조 1항에서 모든 국민은 법 앞에 평등하고, 성별, 종교 그리고 사회적 신분으로 차별받지 않는다고 규정하고 있습니다. 그리고 2항에서는 사회적 특수계급제도는 인정되지 아니하며, 어떠한 형태로도 창설할 수 없다고 규정하고 있습니다.

이런 헌법 규정으로 보았을 때, 대한민국은 차별을 철저히 금지하고 계급제도를 인정하지 않는 것으로 보입니다. 갑자기 여러분들의 생각이 궁금해지는군요. 현실에서 이런 사회적 계급은 정말 존재하지 않을까요?

계급 이야기를 하니, 무슨 조선시대 이야기처럼 생각하는 분들도 있을 것 같습니다. 조선시대에는 양반, 중인, 상민, 천민의 계급이 있었습니다. 하지만 이런 신분제는 근대화 과정에서 철폐되었습니다. 그에 따라 우리가 알고 있는 헌법 11조가 탄생한 것입니다.

현재 법적인 신분제는 없어졌습니다만 11조 1항을 자세히 보면 사회적 신분을 언급하면서 그에 따른 차별을 금지한다는 규정이 있습니다. 이 규정을 해석하면, 사회적 신분은 존재하지만 그에 따른 차별은 금지된다는 뜻입니다. 그럼 여기서 이야기하는 사회적 신분은 무엇일까요? 사회적 신분에 대해서는 여러 의견이 대립되지만 대체적으로 사회생활을 하면서 형성된 신분을 의미한다고 봅니다.

우리 헌법은 사회에 신분이 존재한다는 사실을 인정합니다. 법적인 계급은 없지만, 사회생활 과정에서 형성된 신분은 있다는 뜻입니다. 그럼 여기에는 어떤 신분이 있을까요?

우리나라는 자본주의 국가입니다. 자본주의는 한 나라의 경제 시스템이자 모든 사회의 기초가 됩니다. 여전히 많은 사람들이 먹고사는 문제를 고민하는데, 모두 자본주의와 관련된 고민입니다. 애덤 스미스는 이런 자본주의의 초기 모습을 관찰했습니다. 당시 영국에는 법적인 신분이 있었습니다. 여왕이 존재했고, 귀족들이 있었습니다. 물론 이런 신분은 지금도 형식적으로는 남아 있기는 합니다.

애덤 스미스가 살던 시대의 이런 법적인 신분은 누구나 알고 있었습니다. 각자는 자신이 어떤 신분에 속해 있는지 인식하고 있었습니다. 하지만 애덤 스미스는 이런 여왕이니, 귀족이니 하는 법적인 신분이 자본주의와 관련이 있다고 생각하지는 않았습니다. 자본주의에는 그에 맞는 별도의 신분이 있다고 생각했습니다.

자본주의에 존재하는 신분을 파악하기 위해, 우선 애덤 스미스는 자본주의에서 생산된 상품의 가격이 어떻게 구성되어 있는지 분석했습니다. 애덤 스미스는 모든 상품이 토지를 기반으로 하고, 그 위에 자본과 노동이 결합되어 생산된다는 것을 발견했습니다. 농사로 치자면 '땅'과 '씨앗(자본)'과 '농부'가 있어야 하는 것처럼 말입니다. 다시 말해 하나의 상품이 나오기까지는 땅이 기여한 부분, 자본이 기여한 부분 그리고 노동자가 기여한 부분이 있어야 한다는 것입니다.

이 말을 바꾸면 하나의 상품은 토지지대, 자본이윤, 노동임금으로 이루어진다고 할 수 있습니다. 애덤 스미스는 이렇게 상품 가격의 구성부분을 분류해 놓고서 한 국가의 국민들은 상품에 투입된 세 부분의 가치로 먹고살게 된다는 것을 알아차리게 되었습니다. 그리고 그에 따라 계급이 나뉜다고 보았습니다. 토지지대로 먹고사는 사람을 지주 계급이라 하고, 자본의 이윤으로 먹고사는 사람을 상인과 공장주 계급이라 했습니다. 마지막으로 노동임금으로 먹고사는 사람을 노동자 계급으로 분류했습니다.

분배의 불평등 문제

애덤 스미스는 자본주의를 자연의 일부처럼 생각했습니다. 인간의 개입 없이 일정한 법칙에 의해 조화를 이루고 발전한다고 본 것입니다. 오히려 인간이 개입하면서 자본주의에 문제가 생긴다고 보았습니다.

이러한 애덤 스미스의 관점에 의하면, 한 상품에 들어가 있는 가치를 생산한 사람들은 그 가치를 공평하게 분배받아야 합니다. '지주 계급'과 '노동자 계급' 그리고 '상인과 제조업자 계급(자본가)' 모두가 상품에 기여한 만큼 공평히 분배받아야 한다는 것입니다. 하지만 실제 현실에서는 이런 분배가 잘 이루어지지 않는 것 같습니다. 특히 애덤 스미스는 상인과 제조업자들이 그 공평한 분배를 방해한다고 판단했습니다.

당시에 상인과 제조업자들은 중상주의 보호무역정책을 주장했습니다. 중상주의만이 국가를 부유하게 만든다는 주장과 함께 말이죠. 이런 보호무역정책의 핵심은 관세와 장려금이었습니다. 수입되는 외국 상품에는 관세를 붙여서 국내에 비싸게 들어오게 했고, 수출되는 상품에는 장려금이라는 보조금을 지급해서 해외에서 싼 가격에 팔리도록 했습니다.

중상주의는 수출을 장려하고 수입을 억제해서 국가 내에 많은 금(화폐)을 보유하려고 한 것이었습니다. 정부 역시 이런 중상주의 정책을 장려했습니다.

중상주의 정책으로 상인과 제조업자들은 많은 이익을 챙깁니다. 수입의 억제는 경쟁을 사라지게 했고, 제조업자에게 독점시장을 제공했습니다. 그리고 수출을 위해 보조금을 지급받았기 때문에 상인들은 상품 수출만으로도 이득을 봤습니다. 제조업자는 수입을 통해서, 상인들은 수출을 통해서 이득을 볼 수 있었던 것입니다.

제조업자들은 독점시장에서 높은 가격을 통해 더 많은 이윤을 획득했습니다. 상인들 역시 적은 비용으로 많은 상품을 수출하여 추가

적 이윤을 획득했습니다. 그러나 이것은 다른 계급에게 손해가 됐습니다. 특히 노동자 계급의 손해가 컸습니다.

독점시장의 상품이 비싸지니 노동자들이 자신의 월급으로 구입할 수 있는 상품의 양이 상대적으로 줄어들었습니다. 또한 수출품을 만드는 곳의 노동자들은 상대적으로 저렴한 가격에 상품이 수출되다 보니 월급이 줄어들었습니다.

중상주의자들은 자신의 이익이 많아져서 기뻐했지만, 애덤 스미스는 이런 중상주의 정책이 국가의 단기적인 이익만을 증가시킨다고 주장했습니다. 자본주의에서 중요한 것은 노동을 통해 생산된 상품의 가치인데, 중상주의 정책이 상품의 가치를 오히려 줄어들게 한다는 것이었습니다. 특히 특정 계급에게 이득을 주면서 화폐의 양만 증가시키는 정책은 사회 전체적으로 손해가 된다고 보았습니다.

애덤 스미스는 자본의 이윤으로 살아가는 상인과 제조업자의 이익이 사회 전체의 이익과 일치하지 않는다고 보았습니다. 반대로 노동자가 추구하는 이익은 사회전체의 이익과 일치한다고 했습니다. 노동자만이 부의 원천인 가치를 생산하기 때문입니다.

불평등의 핵심 원인

자본주의가 시작된 이후로 불평등은 뜨거운 주제였습니다. 영국 출신의 미국 프린스턴 대학교 교수, 앵거스 디턴(Angus Deaton)도 불평등을 주제로 2015년 노벨 경제학상을 수상했을 정도입니다. 그는 불평등이 인류에게 어떤 영향을 미쳤는지 연구했습니다.

애덤 스미스 역시 불평등을 관찰했습니다. 비록 자본주의 초기였지만 영국의 경제정책은 불평등을 심화시키고 있었습니다. 애덤 스미스는 당시 영국의 불평등은 중상주의 정책에 따른 보호무역 때문이라 판단했습니다. 특히 보호무역이 일부 계급 즉 상인과 제조업자의 독점을 양산한다고 여겼습니다.

이런 특정 계급의 독점은 두 가지 분배의 문제를 발생시킵니다. 우선 정부의 보호를 받는 특정 산업이 등장하면, 그 산업은 초기에 관세나 장려금으로 높은 이윤율을 형성합니다. 많은 자본들은 당연히 그 산업에 투자됩니다. 이렇게 한 산업에 자본이 쏠리면 경쟁의 심화로 이윤율이 하락합니다. 애덤 스미스가 보기에 이런 정책은 바보 같은 짓이었습니다.

자본주의는 상품의 가치를 증가시키면서 발전합니다. 그러기 위해서는 상품자체가 많이 생산되어야 합니다. 그런데 중상주의 정책에 따른 독점은 한 곳에 많은 자본을 쏠리게 합니다. 그 결과, 자본이 다른 곳에 투자되었을 때 얻을 수 있는 이윤보다 적은 이윤을 얻게 합니다.

이것은 다양한 산업의 발전을 저해하는 결과를 낳습니다. 나아가 독점된 산업은 국가 간의 경쟁력도 떨어트립니다. 만약 양털에 수출 장려금을 부과하면, 양털 상인들은 기본 이윤을 획득할 수 있기 때문에 품질 개선에 노력하지 않게 되고, 그 결과 양털 상인의 경쟁력은 떨어지는 것입니다.

자본은 독점이 없으면 더 높은 이윤율을 향해 이동합니다. 애덤 스미스는 공정하고 자유로운 시장만 있다면 자본은 최고의 이윤율을 추구하면서 발전한다고 봤습니다. 그렇게 되면 산업 간의 불평등이 사라진다고 생각했습니다.

물론 마르크스는 이런 애덤 스미스의 생각에 동의하지 않았습니다. 마르크스는 자본이 더 높은 이윤율을 향해 이동하는 것에는 동의하지만, 결국에는 자본가의 노동자 착취가 심각해져서 불평등이 심화된다고 봤습니다. 지금 현실만 놓고 보면 마르크스의 생각이 더 타당해 보이는 측면이 있습니다.

다시 애덤 스미스의 이야기를 해볼까요? 애덤 스미스는 특정 계급의 독점이 산업 간의 불평등을 양산한다고 했습니다. 그리고 이런 독점은 계급 사이의 불평등 문제도 발생시킨다고 말합니다. 상인, 제조업자 계급과 노동자 계급의 불평등 문제를 가리킵니다.

상인과 제조업자가 독점으로 얻는 이윤은 노동자에게는 무조건 손해라고 애덤 스미스는 말합니다. 노동자의 임금은 자본이 최대의 이윤을 얻을 때 최대가 됩니다. 하지만 중상주의에서 자본은 단기적 이익을 위해 장기적 이익을 포기하게 되는데, 그 결과 노동자의 임금은 상대적으로 줄어듭니다.

관세와 장려금이라는 이득의 유혹에 빠져서 더 큰 이윤을 낼 수 있는 자본들이 묶인다는 것입니다.

게다가 산업 간의 불평등 문제는 노동자의 일자리 창출을 방해합니다. 노동자의 임금은 산업 간의 경쟁이 치열해졌을 때 일자리가 늘어나면서 오르는 경향이 있는데, 독점이 발생하면 경쟁이 사라지고 새로운 일자리도 늘어나지 않게 됩니다. 이것은 결국 노동자의 임금을 상승시키지 못하게 하는 결과를 발생시킵니다. 상인과 제조업자의 이익은 노동자의 손해를 통해 얻어지는 구조입니다.

결론적으로 독점은 국가의 부를 증대시키지 못합니다. 자유롭고 공정한 경쟁이 보장되어야만, 모든 산업과 모든 계급이 균등하게 발전할 수 있습니다. 특정 산업이 독점을 형성할 수 있었던 원인은 정부에 있습니다. 정부가 중상주의자들의 의견을 받아들여 정책을 폈기 때문입니다. 애덤 스미스는 정부의 역할에 대해서도 조언합니다. 정부의 어떤 역할이 국가의 부를 증대시킬 수 있는지 말이죠.

5
국가의 역할은
무엇인가?

애덤 스미스와 작은 정부

제가 대학교에 들어가자마자 수강한 과목은 행정학이었습니다. 국가의 운영을 공부하는 과목이었습니다. 행정학을 공부하다 보면, 꼭 등장하는 것이 정부입니다.

국가를 운영하는 곳이 정부이니 행정학에서는 빠질수 없는 기관입니다. 우리가 대통령을 국가의 원수라고 부르기도 하지만, 행정부의 수반이라고 부르기도 합니다. 대통령이 국가의 운영을 책임지기 때문입니다.

행정학에서 가장 중요한 문제는 정부의 역할입니다. 정부의 역할이 크고 작음에 따라 작은 정부와 큰 정부로 나뉩니다. 쉽게 말해서, 작은 정부는 국가의 개입을 최소한으로 하고 민간의 자율을 보장하는 정부이고, 큰 정부는 적극적으로 민간 부분에 개입하는 정부를 말합니다. 민간 부분이란 대부분 시장을 의미합니다. 우리가 알고 있는 경제학의 시장입니다.

애덤 스미스가 살던 시대의 영국은 중상주의 정책을 선택했습니다. 여러분도 알고 있듯이 정부는 상인과 제조업자를 보호하기 위해 적극적인 정책을 펼쳤습니다.

관세를 부과해서 제조업자의 산업을 보호하기도 했고, 장려금을 부과해서 상인의 수출을 돕기도 했습니다.

행정학에서 배우는 정부의 역할을 당시 영국 정부에 대입해보면, 영국 정부는 큰 정부를 지향한 정부임을 알 수 있습니다. 그러나 애덤 스미스는 이 중상주의 정책을 비판했습니다. 특히 상인과 제조업자들이 자신의 이익을 위해서 국가를 속이고 있다고 봤습니다.

분명 국가의 이익과 상인, 제조업자들의 이익이 다른데, 상인과 제조업자들은 자신들의 이익을 국가의 이익과 같다고 주장한다는 것이었습니다.

애덤 스미스는 당시 영국 정부가 상인과 제조업자에게 속아서 쓸데없는 고생을 하고 있다고 봤습니다. 국가의 이익과 그들의 이익이 같지 않았기 때문입니다.

애덤 스미스는 상인과 제조업자들이 국가의 보호 아래 독점을 형성하면, 국가 전체의 이익은 감소한다고 주장했습니다. 애덤 스미스는 덧붙여 국가가 발전하려면 자연적 자유(natural liberty) 제도가 스스로 확립되어야 한다고 조언했습니다.

애덤 스미스는 경제를 자연과 유사하게 봤습니다. 인간의 개입이 없어도 조화를 이루고 발전할 수 있다고 본 것입니다. 오히려 인간의 개입이 자연의 규칙을 파괴하여 발전을 방해한다고 보았습니다.

애덤 스미스가 보기에 당시 영국의 상황이 그랬습니다. 영국 정부는 상인과 제조업자의 감언이설에 속아서 시장에 적극적으로 개입을 하게 되었습니다.

그러자 시장에 독점이 형성되었고, 독점은 자유로운 경쟁을 방해하게 되었습니다. 자유로운 경쟁이 이루어지지 않으니 수많은 사람들이 자신들의 이익을 추구하지 못하게 되었습니다.

애덤 스미스는 이를 해결하기 위해 국가의 개입을 줄여야 한다고 주장했습니다. 특히 상인과 제조업자에게만 유리한 보호 정책을 폐기해야 한다고 말했습니다. 왜냐하면 국가의 개입으로 상인과 제조업자에게 독점적 지위가 부여됐기 때문입니다. 즉 작은 정부를 지향하라는 뜻입니다.

행정학에서 나오는 작은 정부의 개념은 애덤 스미스로부터 출발합니다.

그럼 정부는 국가의 부를 위해서 노력하지 말아야 할까요? 네, 애덤 스미스는 그래야 한다고 합니다. 국가의 부는 자유로운 경쟁이 이루어지면, '보이지 않는 손'에 의해 증가한다고 본 것입니다. 국가는 최소한의 역할만 수행하면 될 뿐입니다.

국가가 해야 할 최소한의 역할

애덤 스미스에게 경제는 자연과 같습니다. 그리고 그가 생각한 경제는 자본주의였습니다. 애덤 스미스는 자본주의의 밑바탕에는 인간의 이기심이 자리 잡고 있다고 보았습니다. 인간의 본성을 한 가지로 설명할 수는 없겠지만, 자본주의만큼은 인간의 이기심이 중요한 역할을 한다고 보았습니다.

그럼 인간이 갖고 있는 이기심의 속성은 무엇일까요? 우리가 생각하는 이기심은 일반적으로 탐욕과 밀접합니다. 이기심은 욕심을 채우려는 성향이기도 합니다. 게다가 그런 욕심은 끝이 없습니다. 보통은 만족할 줄 모르고 끊임없이 무언가를 추구합니다.

애덤 스미스는 이런 인간의 이기심을 자본주의의 핵심원리라고 보았습니다. 인간의 이기심이 무한하듯이 자본주의도 인간의 이기심을 활용하면 계속 발전할 수 있을 것이라고 보았습니다.

인간의 이기심, 그리고 그 이기심을 공공의 이익과 연결시켜주는 '보이지 않는 손'이 있으니 자본주의는 계속해서 발전할 수밖에 없다고 보았습니다.

사실 이런 애덤 스미스의 생각은 틀리지 않았습니다. 자본주의가 시작된 이래로 자본주의는 지금까지 계속 발전했습니다. 간혹 경제 위기가 자본주의의 위기를 불러왔지만, 자본주의는 인간의 이기심을 등에 업고 계속 극복했습니다. 애덤 스미스는 자본주의가 발전한다는 것을 일종의 자연법칙처럼 생각한 것입니다.

그러나 이런 자연법칙은 인간이 개입함으로 잘 작동하지 않게 됩니다. 인간에 의한 환경오염으로 생태계가 교란되듯이 말입니다. 애덤 스미스는 중상주의 정책을 인간의 개입으로 보았습니다. 애덤 스미스에게 중상주의 정책은 '보이지 않는 손'의 작동을 방해하는 인간의 개입이었습니다.

애덤 스미스는 국가가 부유해 지려면 중상주의 정책을 폐기하고, 자연적 자유 상태로 돌아가야 한다고 했습니다. 자유로운 경쟁이 정상적으로 회복되면 국가는 자연히 부유해 진다고 본 것입니다. 그리고 자연적 자유 상태의 국가는 최소한의 의무만을 진다고 말합니다.

국토방위의 의무, 사법행정을 확립하는 의무, 일정한 공공사업, 공공시설을 건설 유지하는 업무만 부담하는 것입니다. 잠시 이 의무들에 대해 설명해 보겠습니다.

국토방위 의무는 주변 국가의 침략으로부터 자국의 영토를 보호하는 의무를 말합니다. 전쟁은 사회 전체를 혼란에 빠트립니다. 전쟁 중에는 국가의 모든 생산물이 전쟁을 위해 사용됩니다.

두 번째, 사법행정 확립의무는 구성원 사이의 다툼을 억제하는 의무를 말합니다. 자본주의는 필연적으로 계급을 전제로 하는데, 그 계급 사이의 이익은 자주 대립합니다. 자본가와 노동자의 이익이 항상 일치할 수는 없습니다. 자본주의가 발전하면서 계급 사이의 다툼은 필연적인 것이 되었습니다. 이를 조정하지 않으면 경제는 작동할 수 없게 됩니다.

물론 애덤 스미스는 자본가와 노동자 사이의 다툼에 마르크스만큼 관심을 보이지는 않았습니다. 하지만 자본주의의 계급 간 다툼을 부정하지는 않습니다.

세 번째로 정부는 공공사업이나 공공시설을 건설, 유지할 의무를 집니다. 공공사업이나 공공시설은 소수 개인의 이익과는 부합하지 않기 때문입니다. 특히 자본주의는 시장을 필수적 요소로 갖는데, 그 시장의 크기는 도로의 길이와 운명을 같이합니다.

도로가 발달하면 할수록 시장 역시 발달합니다. 그런데 이런 도로는 공공시설이라 개인의 이익과 밀접하지 않습니다. 물건을 파는 사람은 도로를 편리하게 이용할 뿐이지, 도로 자체를 만들어서 사용하지는 않습니다. 이는 개인이 부담할 수 없는 큰 자본이 들어가기 때문이기도 하고, 도로를 만드는 이익이 개인의 이익과 일치하지 않기 때문이기도 합니다.

애덤 스미스는 국가가 이런 소극적인 의무만을 이행해야 한다고 했습니다. 즉 인간은 이기심 때문에 자유로운 경쟁을 필요로 하니, 국가는 그런 자유로운 경쟁 상태를 유지하기만 하면 된다는 것입니다.

작은 정부에 대한 오해

애덤 스미스의 이런 이론은 그가 죽은 후 엄청난 파급 효과를 가져옵니다. 각국의 정부들은 작은 정부가 최선이라고 생각했습니다. 특히 미국이 그랬습니다.

당시 미국은 1776년 영국으로부터 독립한 후 세계의 주목을 받았습니다. 정치, 경제, 사회 등 모든 분야에서 급속한 성장을 이룩했습니다. 누구든지 자신의 이익을 위해서 노력하면 부자가 될 수 있는 곳이 미국이었습니다. 정부는 모든 곳에서 자유로운 경쟁을 보장했습니다.

만약 애덤 스미스가 살아서 그런 미국을 보았다면, 그는 자리에서 벌떡 일어나 환호성을 질렀을 것입니다. 자신의 이론이 틀리지 않았음을 확인했을 테니까요. 하지만 그의 기쁨은 그리 오래 가지 못하고 1928년까지만 유효했을 것입니다.

미국은 1929년 역사상 가장 가혹한 경제 위기를 맞았습니다. 바로 대공황입니다. 사람들은 일자리가 없어서 노숙을 했고, 창고에는 팔리지 않은 상품이 넘쳐났습니다. 정부가 자유로운 경쟁만 보장한다면, 경제는 끊임없이 발전할 것이라 믿었던 믿음이 산산조각 난 것입니다. 애덤 스미스의 이론을 믿던 경제학자들은 모두 꿀 먹은 벙어리가 되었습니다.

당시 미국 대통령은 루즈벨트였는데, 그는 애덤 스미스가 주장한 정부의 역할을 포기했습니다. 국민들의 고통을 지켜볼 수만은 없었던 것입니다. 그는 국가만이 경제 위기를 해결할 수 있다고 주장했습니다. 그의 이런 주장 뒤에는 또 한 명의 위대한 경제학자, 케인즈가 있었습니다.

미국의 대공황을 시작으로 정부의 역할에 대한 논쟁은 계속됐습니다. 경제가 위기에 빠질 때마다 정부의 역할이 원인이라고 생각했습니다. 각국의 정부들은 국가의 개입을 확대하는 정책과 축소하는 정책을 반복했습니다. 특히 현재의 주류경제학인 신고전학파 경제학은 1970년대 세계가 경제 위기를 맞자 다시 작은 정부를 주장하기도 했습니다.

▲ 미국의 32대 대통령, 프랭클린 루즈벨트
(Franklin Roosevelt)

▲ 영국의 경제학자 존 메이너스 케인즈
(John Maynard Keynes)

우리나라에서는 지금도 정부의 크기를 두고 논쟁을 합니다. 특히 정부의 규제가 논쟁의 중심에 서 있습니다. 규제가 없는 작은 정부를 주장하는 입장과 적절한 규제를 해야 하는 큰 정부를 주장하는 입장이 있습니다.

이는 신고전학파 경제학의 영향이기도 하지만, 애덤 스미스의 주장을 오해한 것에 더 크게 영향을 받았습니다. 애덤 스미스가 정부의 간섭을 부정적으로 본 것은 맞습니다. 하지만 애덤 스미스는 모든 정부의 간섭이 잘못됐다고는 하지 않았습니다. 그가 정부의 간섭에 비판적이었던 이유는 정부의 간섭이 특정 계층의 이득을 보호하고 독점을 발생시켰기 때문입니다.

즉 애덤 스미스에게 중요한 것은 경제가 잘 작동하는 것이었지 정부의 간섭 자체가 문제였던 것은 아닙니다.

만약 자연 생태계가 인간의 탐욕으로 파괴되어 원래의 기능을 회복하지 못하면, 파괴자인 인간이 다시 그 생태계를 복원해야 합니다. 애덤 스미스는 이런 인간의 개입마저 부정한 것이 아닙니다. 애덤 스미스에게 중요한 것은 자연 그 자체이지 인간의 개입이 아니었습니다.

『국부론』에서 애덤 스미스는 자유로운 경쟁을 보장하는 것이 정부의 역할이라고 봤습니다. 정부의 간섭으로 자유로운 경쟁이 이루어지지 못하면 정부가 간섭을 중지하면 그만이지만, 다른 원인이 있다면 정부가 적극적으로 그 원인을 제거해야 한다는 것입니다.

케인즈가 1929년 미국의 대공황 때 정부의 간섭을 주장한 것도 애덤 스미스의 이론을 정확히 이해했기 때문입니다.

정부의 규제 자체가 문제인 것은 아닙니다. 규제가 없다고 경제가 꼭 성장하는 것도 아니고, 규제가 많다고 경제가 추락하는 것도 아닙니다. 중요한 것은 얼마나 자유롭고 공정한 경쟁이 보장되는지의 여부입니다. 이것이 애덤 스미스가 했던 주장의 핵심입니다.

경제성장의 핵심 원리인 이기심

우리는 경제성장을 무척 중요시 생각합니다. 자본주의 자체가 자본의 증식을 통해 발전한다는 것을 알기 때문입니다. 자본이 증식되지 않으면 자본주의는 무너집니다.

애덤 스미스는 『국부론』에서 국가의 발전을 중요시합니다. 자본주의 시스템이 사회 발전의 원리가 되었기 때문입니다. 자본주의는 발전하지 않으면 무너지니, 국가는 계속해서 발전해야 하는 것입니다.

애덤 스미스가 인간의 이기심을 강조한 것은 바로 이 때문입니다. 인간의 이기심은 인간의 욕망을 자꾸만 자극하는 성질이 있습니다. 사람은 이기심 때문에 더 많이 먹고 싶어 하고 더 많이 갖고 싶어 합니다.

이런 이기심은 자연스럽게 경제를 성장시킵니다. 당연히 자본주의 경제와 인간의 이기심은 궁합이 좋을 수밖에 없습니다. 자본주의가 계속해서 발전해야 한다면, 인간의 이기심은 중요한 역할을 할 수밖에 없습니다.

이런 애덤 스미스의 주장이 타당한지, 타당하지 않은지 많은 경제학자들이 논쟁을 벌이고 있습니다만 애덤 스미스의 주장은 자본주의의 본질적 측면에서 타당해 보입니다. 이기심이 있어야만 경제가 성장할 수 있고 그 결과로 자본주의가 발전할 수 있으니까요.

- 여러분은 '인간의 이기심이 경제를 성장 시킨다'는 애덤 스미스의 주장이 타당하다고 생각하나요? 아니면 타당하지 않다고 생각하나요? 각자 그 이유에 대해서도 생각해 봅시다.

자본주의의
문제와
해결

1
공공교육을
강화하자!

의무교육의 시작

제가 초등학교를 다닐 때에는 육성회비라는 것을 납부했습니다. 담임선생님이 부모님께 가져다 드리라고 봉투를 나누어 주셨습니다. 당시 육성회비는 6천 원 정도 했던 것 같습니다. 그리 큰 금액은 아니었습니다.

중고등학교를 다닐 때에도 비슷한 명목으로 돈을 냈습니다. 액수는 초등학교 때 보다 커졌지만, 물가가 올랐고 학년이 높아져서 그런가 보다 했습니다. 사실 학교를 다니기 위해 돈이 필요하다는 생각을 해본 적이 없었습니다. 당연히 국가에서 고등학교까지는 다닐 수 있게 해주어야 한다고 생각했습니다.

제가 그렇게 생각한 이유는 어릴 적에 선생님이 의무교육에 대해 말씀해주셨기 때문입니다. 왜 그런지는 모르겠지만 의무교육이 법으로 정해져 있다고 하셨습니다. 따라서 학교를 다니는 것은 의무이니 무조건 학교를 나와야 한다고 하셨습니다.

대학교에 와서야 어릴 적 선생님의 말씀을 이해할 수 있게 되었습니다. 의무교육을 정한 법은 헌법이었고, 고등학교까지 의무적으로 무조건 다녀야 하는 것은 아니었습니다. 의무교육의 의미는 국가가 국민을 교육시킬 의무가 있다는 뜻일 뿐이었습니다.

국가에게 국민을 교육시킬 의무가 있다고 하니, 참 좋은 제도 같았습니다. 옛날에는 돈이 없어서 학교를 다니지 못한 경우가 많았으니까요. 그런데 이 의무교육의 시작은 국민을 위한 제도는 아니었습니다.

최초의 의무교육이 어디에서 시작되었는지는 쉽게 알 수 없습니다. 의무교육은 18세기나 19세기 즈음에 등장했는데, 당시에는 법적인 신분이 존재했습니다. 즉 지금처럼 모든 국민을 차별하지 않고 시행하는 의무교육은 아니었던 것입니다. 그나마 지금과 비슷한 의무교육 제도를 찾아보자면, 현재 독일 지역에 위치한 프러시아의 경우를 들 수 있습니다. 1819년, 프러시아에서는 강제로 학교에 다니도록 명령했습니다. 하지만 당시 프러시아의 의무교육은 국민을 위한 제도가 아니었습니다. 국민들을 국가에 충성시키기 위한 제도였습니다.

역사에 명확히 기록된 의무교육의 시작은 1852년의 미국입니다. 영국은 1860년입니다. 하지만 이 당시의 의무교육 목적도 지금과는 차이가 있습니다. 19세기 중엽은 자본주의가 발전하던 시기였습니다.

도시에 무수히 많은 공장이 자리 잡았고, 영국은 스모그에 의해 앞이 보이지 않을 정도였습니다. 국가가 경제성장을 위해 노동자를 필요로 했던 시기입니다.

자본주의의 발전에 따라 공장에서 필요로 하는 노동자의 수도 늘었지만, 기계를 다룰 줄 아는 노동자들은 많지 않았습니다. 때문에 공장은 기계를 다룰 줄 아는 노동자를 구하는 데에 애를 먹었습니다. 기술이 있는 노동자가 귀하다 보니 노동자의 임금이 점점 올라갔습니다. 자본가들의 항의가 빗발쳤습니다. 이에 국가는 의무교육을 도입했습니다. 높은 임금을 억제하고 공장에서 일할 수 있는 능력 있는 노동자를 배출하기 위함이었습니다.

이러한 최초의 의무교육 목적은 사실 지금도 크게 다르지 않습니다. 우리가 배우고 있는 영어나 수학, 과학은 대학교 공부를 위한 과목들이고, 대학교는 기업이 요구하는 학생들을 배출하려 하는 것입니다. 결국 기업에서 일할 노동자를 위한 교육일 뿐입니다. 정작 민주주의 사회에서 필요한 시민 교육이나 자본주의에서 필요한 노동자로서의 권리 등은 가르치지 않습니다.

그런데 경제학의 아버지인 애덤 스미스도 의무교육을 강조했다고 합니다.

분업의 문제는 교육으로

최초의 경제학 서적인『국부론』에 의무교육 이야기가 있다고 하면, 사람들은 깜짝 놀라곤 합니다. 경제학과 교육이 무슨 상관이냐고 되묻습니다. 물론 경제학과 교육은 크게 상관이 있지는 않습니다. 하지만 애덤 스미스의 직업과 『국부론』의 내용을 살펴보면, 그리 이상한 것도 아닙니다.

애덤 스미스는 논리철학 교수였고, 개인 과외교사였습니다. 교육과 밀접한 직업을 갖고 있었습니다. 그리고 『국부론』은 국가의 부를 증가시키는 방법을 고민한 책입니다. 만약 교육제도가 국부 증가와 연결된다면, 아주 상관없는 내용도 아닌 것입니다.

혹시 기억하나요? 『국부론』이 무엇으로부터 시작되는지요. 네 맞습니다. 바로 분업이죠. 분업은 자본주의 발전의 핵심원리 중 하나입니다. 애덤 스미스는 분업이 국가의 부를 증가시킨다고 생각했습니다. 실제로 이 생각은 시간이 지날수록 입증되었습니다. 하지만 그는 분업의 그림자 역시 알고 있었습니다. 분업이 사람들을 얼마나 단순하게 만드는지 파악하고 있었던 것입니다.

애덤 스미스는 분업이 인간 개인의 능력을 전문화시키는 동시에 단순작업에만 적합하게 만든다고 봤습니다. 즉 다른 능력은 쇠퇴시킨다는 것입니다. 특히 반복적인 작업은 다른 능력을 가지려고 노력하는 습관을 잃어버리게 만듭니다. 결국 노동자는 일상에서 정당한 판단을 할 수 없는 지경에 이르게 되었습니다.

애덤 스미스에게 이러한 문제는 심각한 것이었습니다. 당시 영국은 민주주의 정치시스템을 갖추고 있었습니다. 민주주의는 모든 국민이 국가의 중요한 의사결정을 하는 제도였기 때문에 국민의 관심은 필수적인 것이었습니다. 그런데 경제 발전과 더불어 분업은 점점 전문화되었고, 노동자들은 국가 문제를 이해하지 못하는 상태가 되었습니다. 이렇게 되면 국가의 정책이 잘못될 확률이 높아집니다.

이에 대해 애덤 스미스는 국가의 교육에 대한 의무를 주장했습니다. 국가가 읽기, 쓰기 같은 기본적인 교육을 시행해야 한다는 주장입니다. 특히 그는 서민 교육을 강조했습니다. 일반적으로 재산과 지위가 있는 사람은 자식 교육에 관심이 높고, 자신 역시 일반 노동자처럼 평생 단순한 일만을 하지는 않았습니다. 그에 반해 일반 서민들은 달랐습니다. 대부분이 노동자들이었고, 그들은 자식들을 교육시킬 시간이나 돈이 부족했습니다. 당연히 자식 교육에 소홀할 수밖에 없었습니다. 자신도 정상적인 판단을 하기 힘든 상태이기도 했고요.

애덤 스미스는 이런 문제를 해결하기 위해 국가가 교육을 시행해야 한다고 주장했습니다. 그의 주장은 우리가 알고 있는 의무교육의 목적과 같은 것입니다.

애덤 스미스가 말하는 교육의 정의

애덤 스미스의 주장은 혁신적인 것이었습니다. 우리가 알고 있는 의무교육은 19세기 중엽에 시작되었는데, 『국부론』은 1776년에 나왔으니 약 100년 정도를 앞선 것이었습니다. 게다가 최초의 의무교육은 사람을 위해서 시작된 것이 아니라 자본주의의 발전을 위해 시작된 측면이 강합니다. 자본주의 문제 해결 보다는 자본주의의 발전에만 관심이 높았던 것입니다. 그에 반해 애덤 스미스는 지금의 의무교육 목적과 같이 사람을 위한 교육을 강조합니다.

애덤 스미스는 분업의 원리를 최초로 강조한 인물입니다. 그에게 분업은 국가의 부를 증가시킬 수 있는 획기적인 방법이었습니다.

만약 어떤 책에 '『국부론』의 분업'처럼 중요한 위치를 차지하는 이론이 있다면, 그 책에서 그 이론의 단점을 찾아보기는 어려울 것입니다. 단점 하나가 그 이론 전체를 붕괴시킬 수도 있기 때문입니다. 자신의 약점을 들추고 싶은 사람은 없는 것과 마찬가지입니다.

하지만 애덤 스미스는 달랐습니다. 『국부론』의 핵심인 '분업'의 폐해를 가장 정확히 파악하고 있었습니다. 게다가 그 단점의 해결책까지 제시했습니다. 그 해결책은 지금까지 누구도 상상하지 못했던 대안이었습니다.

우리는 애덤 스미스가 자유방임주의를 주장한다고 일반적으로 알고 있습니다. 국가의 개입을 최대한 억제해야 국가가 발전할 수 있다고 말입니다. 자유방임주의를 신봉하는 사람들은 자본주의가 발달하면서 나타나는 불평등 역시 자연스럽게 생각하는 경향이 있습니다. 국가가 사회의 불평등 또한 해결해서는 안 되는 것으로 여깁니다. 국가가 개입하지 않아도 자연스럽게 해결될 것이라고 봅니다.

하지만 이는 애덤 스미스의 생각이 아닙니다. 애덤 스미스는 자유방임주의를 주장했지만, 국가의 모든 개입을 금지해야 한다고 주장하지는 않았습니다. 애덤 스미스가 국가의 개입을 비판한 것은 중상주의 때문이었습니다. 국가가 특정 상인과 제조업자를 위해서만 특혜를 부여한 것은 잘못된 정책이라고 비판한 것입니다. 오히려 애덤 스미스는 사회에서 나타나는 불평등은 국가가 개입해서라도 해결해야 한다는 입장이었습니다.

애덤 스미스는 자본주의의 문제점을 인식하고 있었습니다. 비록 자본주의 경제가 '보이지 않는 손'이라는 자연법칙에 의해 작동하지만, 그 안에도 문제점은 있다고 본 것입니다.

애덤 스미스는 자본주의에서의 계급을 인정합니다. 자본주의는 지주 계급, 상인과 제조업자 즉, 자본가 계급 그리고 노동자 계급으로 구성되어 있습니다. 자본주의 경제가 발전하면 할수록 분업은 고도화되고, 가장 가난한 노동자 계급은 더 차별받게 됩니다. 이는 분업에 따른 결과이기 때문에 필연적인 것입니다. 애덤 스미스는 이를 해결하기 위해 국가가 적극적으로 개입하기를 주장합니다. 특히 상대적 평등 관점에서 약자에게 더 많은 혜택을 부여해야 한다고 주장합니다.

애덤 스미스는 자본주의 발전의 원리와 자본주의 불평등의 해결 필요성을 동시에 주장한 인물이었습니다.

2
대학이
가르쳐야 할 것

나는 무슨 과에 가야할까?

고등학교 3학년 학생들은 여름방학이 끝나고 9월쯤 되면 무척 긴장합니다. 수능이 얼마 남지 않았고, 슬슬 수시원서를 작성해야 할 시기이기 때문입니다. 대부분의 학생들이 걱정과 불안으로 하루하루를 보냅니다.

원서를 접수할 시간이 다가오면 다가올수록 학생들은 처음으로 대학생활에 대해 고민합니다. 어떤 전공을 선택해야 할지 고민하는 것입니다. 어떤 전공을 선택할 것이냐고 물으면, 학생들은 보통 아무 대학이나 갔으면 좋겠다고 말합니다. 그러면 저는 4년 동안 공부해야 하니, 적성에 맞는 전공을 선택하는 것이 중요하다고 조언해 줄 수밖에 없습니다.

학생들의 50% 정도는 전공에 대해 크게 고민하지 않는 것이 보통입니다. 하지만 대학 입학 후, 전공이 적성에 맞지 않아 고민하는 친구들도 상당히 많습니다. 심지어 학교를 그만두는 경우도 종종 있습니다.

우리는 대학 전공을 직업과 연결해서 생각합니다. 대부분의 학생들이 어릴 적 꿈을 직업으로 삼다보니, 대학 전공 역시 직업을 갖기 위한 수단으로 여깁니다. 하지만 대학 전공과 직업은 크게 연결되지 않습니다.

기자가 되고 싶은 학생들은 신문방송학과에 진학하기를 희망하지만, 실제 기자 중에는 국문학과 출신, 경제학과 출신 등 다른 전공을 가진 사람들이 많이 있습니다. 한 직업에서 필요로 하는 능력이 다양하다보니, 전공 역시 다양해진 것입니다.

그럼에도 우리는 1차적으로 자신의 전공을 직업과 연결해서 생각합니다. 어떤 공부를 해보고 싶다는 생각보다는 취업에 유리한지부터 따집니다. 특히 경제가 어려워질수록 문과보다는 이과에 쏠림 현상이 심해지고, 공대와 의대의 인기는 점점 높아집니다.

이렇게 특정 전공에 인기가 높아지면, 소외받는 학과도 생기게 마련입니다. 소위 '문사철'이라고 불리는 전공입니다. '문사철'은 문학, 역사, 철학의 줄임말입니다. 인문학의 가장 중요한 전공들인데, 취업이 가장 안 되는 학과이기도 합니다. 요즘, 철학과를 폐지하는 대학이 늘었다는 뉴스를 종종 듣습니다.

학생들은 이런 현실 속에서 어쩔 수 없이 취업을 위한 공부만 하게 됩니다. 자신의 전공을 가르치는 교수님보다 토익학원 강사를 더 자주 보게 되기도 합니다. 아마 이런 현실은 경제가 어려울수록 더 심해질 것입니다.

대학이 취업을 위한 교육에 몰입하다 보니, 기업이 대학교육을 좌지우지하는 경우도 볼 수 있습니다. 기업은 학생들에게 업무능력을 가르쳐서 졸업시키라고 대학에 명령합니다. 사실 이런 요구는 정당하지 않습니다. 대학은 기업을 위해 존재하는 것이 아니니까요.

대학은 인류 문명의 지식을 생산하고 발전시키는 공간입니다. 그래서 취업만을 위한 대학을 따로 구별해서 만들었습니다. 우리나라에서는 2년제 대학들이 취업을 목적으로 설립된 대학이었습니다. 하지만 대학은 기업의 이런 부당한 요구에 반발하지 못하는 지경이 되었습니다.

대학의 취업률이 떨어지면 학생들 또한 줄어듭니다. 학생들이 대학을 취직하기 위한 과정으로 생각하다 보니 취업이 잘 되는 학교를 선택하기 때문입니다. 학생들이 줄어드는 것은 대학으로서는 큰 위기입니다. 학생이 없는 대학은 존재의 이유가 없는 것입니다. 게다가 대부분이 사립대학인 대한민국에서 학생 수의 감소는 곧 대학의 큰 위기입니다. 어쩔 수 없이 기업의 요구를 들어줄 수밖에 없는 것입니다.

대학의 존재 이유

오늘날 대한민국 대학은 취업을 위해 존재하는 것 같습니다. 그 사실을 누구도 부정할 수 없을 것입니다. 하지만 인류 초기 대학의 모습은 취업과는 관련이 없었습니다. 초기 대학은 중세 유럽에서부터 시작되었는데, 대부분은 성직자를 교육하기 위한 기관이었습니다.

중세 유럽에서 교회는 국가의 중심이었습니다. 왕보다 높은 권력을 교황이 갖고 있었습니다. 똑똑한 학생들은 성직자가 되고 싶어 했습니다. 성직자가 되면 최고의 권력에 접근할 수 있었기 때문입니다.

지금 우리가 알고 있는 대학의 초기 모습은 성직자를 양성하기 위한 종교단체의 교육기관이었습니다. 성직자는 당시 사회의 최고 리더였으니, 누구보다 많은 지식을 갖고 있어야 했습니다. 성경은 기본으로 배워야 했고, 철학, 역사, 과학까지도 배워야 했습니다. 세상을 이해하기 위한 학문들이 가장 중요하게 취급받던 시기였습니다.

현재 우리나라에서 취업률이 가장 좋은 학과는 공과대학입니다. 공과대학에는 전자공학과, 산업공학과, 기계공학과 등이 있습니다. 그럼 혹시 공학이 무슨 뜻인지 아나요? 사람들은 공학과 과학을 구별하지 못합니다. 과학이라고 하면 우리가 알고 있는 물리, 화학, 생물 등을 떠올리지만, 공학이라 하면 머릿속에 딱히 떠오르는 게 없을 것입니다.

공학은 산업혁명과 밀접한 관계가 있습니다. 산업혁명을 통해 인류는 기계의 위대함을 깨닫게 됩니다. 인간의 힘으로만 생산할 때보다 기계를 활용한 생산이 압도적으로 효율적이었습니다. 공학은 이런 기계의 발명과 더불어 등장했습니다.

그래서 공학의 사전적 정의를 보면, 과학과 기술을 이용하여 인간에게 유용한 상품을 만드는 학문이라고 나와 있습니다. 공학은 상품을 만드는데 필요한 이론들을 제시해 주는 역할을 합니다.

기계공학은 기계의 작동원리를 알려주고, 전자공학은 전기를 활용한 상품을 만드는 이론을 제시합니다. 이런 공학은 과학을 근본으로 하는 것입니다. 과학을 실용적으로 발전시킨 학문이 공학이기 때문입니다.

공학이 주목받으면서 과거에 중요했던 철학이나 역사, 또는 물리나 화학 같은 자연과학은 외면 받게 되었습니다. 현실적으로 취업에 불리하기 때문입니다. 하지만 현실이 이렇다 하더라도, 그것이 옳은 것은 아닙니다.

원래 대학은 취업을 위해 존재하는 곳이 아닙니다. 중세 유럽의 대학에서 성경과 철학, 역사, 과학 등을 가르친 이유는 그 학문들이 세상을 이해하는 핵심 수단이 되기 때문이었습니다.

나아가 인류 문명의 발전을 위해서도 반드시 필요한 학문이었습니다. 철학은 그리스에서 시작되었는데, 당시 철학만이 세상을 이해하는 유일한 수단이었습니다. 소크라테스, 플라톤, 아리스토텔레스 모두 세상을 이해하려고 노력한 학자들입니다.

초기의 과학은 철학과 한 몸이었다가 분리되어 나온 것입니다. 철학과 과학 둘 다 세상을 이해하기 위한 학문이라는 점에서 공통점을 갖습니다.

우리나라에서 인기가 많은 공학은 기본적으로 과학을 기반으로 하는 것입니다. 과학의 발전이 없으면, 공학의 발전도 없습니다. 이는 문과 전공 역시 마찬가지입니다. 정치나 행정이 발전하려면, 철학과 역사가 필요합니다.

현재의 사회문제를 해결하기 위해서는 철학적 성찰과 역사적 교훈이 반드시 필요합니다. 사람들이 기초과학을 살려야 하고, 인문학을 양성해야 한다는 것도 이와 같은 이유 때문입니다. 자연과학이나 인문학 같은 기초학문이 발전해야 응용학문이 발전할 수 있는 것입니다.

그런데 현재는 주객이 전도되었습니다. 전공이 취업을 기준으로 사랑받다보니, 학문의 핵심보다는 표면에 주목하게 되었습니다. 그 결과, 실생활에 도움이 되는 학문만이 존재하게 되었습니다. 자본주의가 발전하면 할수록 이런 경향은 심해집니다. 공학 역시 자본주의의 발전과 더불어 중요해진 것이니까요.

애덤 스미스의 해결책

애덤 스미스는 대학에서 도덕철학을 가르쳤습니다. 하지만 개인 과외교사가 되기 위해 교수직을 그만두었습니다. 그가 대학을 떠난 이유는 복합적이었습니다. 앞에서 보았듯이 기본적으로 개인 과외교사의 처우가 좋기도 했지만, 대학 교육에 강한 불만을 갖고 있었기 때문입니다. 대학에서 강의하는 교수들이 학생들의 눈치를 보지 않고 나태하다는 이유였습니다.

당시 대학은 기부금에 의해 유지되었습니다. 교수들은 학생들에게 열심히 강의할 필요가 없었습니다. 학생들에게 불만이 있어도 자신의 월급에는 큰 영향을 미치지 않았기 때문입니다. 교수들은 점점 게을러졌고, 학생들 역시 흥미를 잃어갔습니다.

애덤 스미스는 이런 문제를 해결하기 위해 학생들의 등록금에 의해 교수의 월급이 정해져야 한다고 주장합니다. 학생들의 만족도와 자신의 이익을 연결시켜야 한다는 것이었습니다. 실제로 공교육보다 사교육이 더 인기가 많은 이유도 이와 같습니다. 공교육은 무상이기 때문에 학생들의 불만은 선생님들에게 크게 중요하지 않습니다. 그에 반해 사교육에서 학생들의 불만은 선생님들의 이익과 직결됩니다. 때문에 더 열심히 강의하게 되는 것입니다.

애덤 스미스는 이렇듯 대학 교육에는 비판적이었지만, 대학의 필요성은 인정했습니다. 대학이 없어지면, 돈을 버는데 필요하지 않은 학문은 사라지게 될 것이라 걱정했습니다.

만약 대학이 사라지게 되면, 개인과 사회 모두에게 상당한 손해가 될 것이라 말했습니다. 개인은 하고 싶은 공부를 하지 못하게 되고, 사회적으로는 기술이나 정책 발전의 핵심인 기초학문이 무너지게 됩니다. 기초학문의 붕괴는 미래를 포기하는 것과 같습니다.

애덤 스미스는 대학의 역할에 대해 분명하게 말합니다. 애덤 스미스는 대학에 대해 돈을 버는데 유리한 학문만을 가르쳐서는 안 된다고 말합니다. 사회에 필요하지만, 돈벌이와는 상관없는 학문을 교육해야 한다고 합니다. 돈이 되는 학문과 사회에 필요한 학문은 분명히 다른 것입니다.

대한민국은 자본주의가 고도로 발달한 국가입니다. 경제의 급속한 성장만큼이나 불평등 역시 심화되었습니다. 경쟁 역시 치열해졌습니다. 사람들은 경쟁에서 살아남기 위해 하루하루 최선을 다합니다. 자연스럽게 대학 역시 경쟁에서 살아남기 위해 이익만을 추구합니다. 그 결과, 취업률을 기준으로 가르칠 학문을 선택하는 지경에 이르렀습니다. 이러한 현상은 대한민국의 미래를 어둡게 만드는 원인이 됩니다. 애덤 스미스의 조언이 더욱 절실하게 들립니다.

3
식민지와
국가의 이익

제국주의의 시작과 이유

우리의 가장 아픈 역사를 뽑자면, 일제강점기가 떠오릅니다. 일본이 우리나라를 무력으로 통치한 기간입니다. 1910년부터 해방을 맞이한 1945년까지 약 36년 동안 일본의 통치를 받았습니다. 이 기간 동안 일본은 우리나라 사람들에게 수많은 범죄행위를 저질렀습니다. 강제 징용부터 위안부 문제까지 인간으로서는 할 수 없는 행동을 버젓이 했습니다.

어린 시절, 저는 우리의 이런 역사를 부끄럽게 생각했습니다. 일본이 강해질 동안 우리나라는 발전하지 못해서 일제강점기 같은 치욕을 당했다고 생각했습니다. 분명 일본이 잘못했지만, 우리나라 역시 잘못이 있다고 생각했습니다. 하지만 이는 잘못된 생각이었습니다. 힘이 약한 건 잘못이 아닙니다. 범죄를 저지른 국가가 잘못한 것이지 그 범죄의 피해국이 무슨 잘못이 있겠습니까? 힘의 논리로 역사를 바라봤기 때문에 이렇게 생각을 한 것이었습니다.

일제강점기는 분명 우리의 잘못이 아닙니다. 하지만 그런 과거를 반복할 수는 없습니다. 역사의 반복을 피하기 위해서는 원인을 분석하고 대비해야 합니다.

우리는 일본의 침략을 '제국주의' 정책이라고 칭합니다. 즉 힘이 강한 국가가 자신의 이익을 위해 힘이 약한 국가를 침략하는 정책을 말합니다. 이런 제국주의 정책은 17세기의 영국, 프랑스, 스페인 등 유럽 국가로부터 시작됐습니다. 독일, 일본, 이탈리아가 벌인 세계 2차 대전은 무력을 통한 제국주의의 마지막 시기였습니다.

기본적으로 한 국가가 제국주의 정책을 시행하려면 군사력과 경제력이 뒷받침되어야 합니다. 다른 나라를 무력으로 침략하는 정책이니 당연히 힘과 돈이 필요합니다. 또한 제국주의 국가들은 전쟁을 각오합니다. 침략당하는 국가들의 저항은 당연해 보이니 힘으로 제압하려고 합니다. 그럼 제국주의 국가들은 전쟁을 좋아해서 침략하는 것일까요?

이 세상에서 전쟁을 좋아하는 사람이나 국가는 없을 것입니다. 전쟁은 승리하든 패배하든 피해를 입을 수밖에 없으니까요. 제국주의 국가 역시 마찬가지입니다. 힘으로 침략을 하지만 전쟁을 좋아하지는 않았을 것입니다. 그럼 그들은 왜 이렇게 위험한 정책을 시행했을까요?

인류의 역사에서 전쟁은 수없이 반복되었습니다. 그런데 그 수많은 전쟁의 원인은 대부분 경제적인 문제 때문이었습니다. 인류 최초의 전쟁 역시 다른 부족의 먹을거리를 빼앗기 위해 시작되었습니다. 이런 전쟁의 원인은 시간이 지나도 변하지 않았습니다. 내가 살기 위해 타인을 침략한다는 사실은 언제나 전쟁의 본질적인 이유였습니다.

제국주의 역시 마찬가지였습니다. 힘이 강해진 나라들이 약한 나라를 침략한 것도 경제적인 이유 때문이었습니다. 특히 자본주의가 시작되면서 제국주의는 본격화됐습니다. 강대국들은 자본주의를 통해 짧은 기간에 부를 축적했습니다. 그리고 더 많은 부를 쌓기 위해 해외로 시선을 돌렸습니다. 17세기 유럽에서 시작된, 신대륙을 발견하기 위한 시도들도 사실은 제국주의의 한 역사입니다. 즉 제국주의는 자본주의와 뗄 수 없는 관계입니다.

우리가 일제강점기를 겪었던 이유도 일본에서 시작된 자본주의 때문입니다. 자본주의의 도입으로 강력해진 일본은 더 많은 부를 축적하기 위해 우리나라를 침략했습니다. 여기에 정치적 욕망까지 더해져 세계를 지배하려는 계획을 세운 것입니다. 그럼 이런 일본의 제국주의 정책은 합리적이었을까요?

애덤 스미스가 바라본 식민지 정책

애덤 스미스가 『국부론』을 출간한 해가 1776년입니다. 또한 1776년은 미국이 영국의 식민지에서 독립한 해이기도 합니다. 애덤 스미스가『국부론』을 집필할 당시 영국은 미국의 식민지 문제로 골치를 썩고 있었습니다. 미국에 막대한 세금을 부과하려고 했지만, 번번이 미국이 반발했기 때문입니다.

상황이 이렇다 보니, 애덤 스미스 역시 미국 문제에 관심을 가졌습니다. 애덤 스미스는『국부론』에서 식민지 문제를 본격적으로 다루기도 했습니다. 식민지 정책의 역사와 기원, 장점과 단점 모두를 분석했습니다.

사실 영국의 식민지는 우리가 생각하는 식민지와는 조금 다릅니다. 우리는 보통, 일본의 지배 모습만을 식민지의 모습으로 떠올립니다. 식민 지배를 당하는 국가는 항상 착취로 고통 받는다고 생각합니다. 물론 영국이 갖고 있던 식민지들도 당사자 입장에서는 일본의 식민지와 차이가 없을지도 모릅니다. 하지만 영국의 식민지는 일본에 비해 좀 더 경제적인 동기로 건설된 경향이 있습니다. 일본이 군사적 목적으로 침략했다면, 영국은 금과 은을 착취하기 위해 침략했던 것입니다.

애덤 스미스는 우선 이런 영국 식민지 정책의 일반적인 이점을 이야기했습니다. 식민지가 건설되면, 식민지 국가의 고유한 상품들이 영국으로 들어오게 됩니다. 이는 식민지를 통해 새로운 상품을 얻게된 것이므로 영국으로서는 이익입니다. 게다가 이런 새로운 상품은 새로운 산업의 발전 계기가 되기도 합니다. 식민지 상품이 영국에 자극을 주는 것입니다.

또한 식민지 국가는 영국에게 또 하나의 새로운 시장이 됩니다. 한 마디로 시장이 확대되는 것입니다. 그 결과, 영국은 더 많은 상품을 생산할 수 있게 됐습니다. 시장이 확대되니 더 많은 일자리가 창출되고 국가의 부는 증가합니다.

여기까지만 보면, 애덤 스미스가 영국의 식민지 정책을 지지한 것처럼 보입니다. 하지만 애덤 스미스의 주장은 지금부터 시작됩니다. 그는 식민지 정책이 주는 단점을 지적했습니다.

애덤 스미스는 식민지 무역이 독점을 통해서 이루어지고 있음을 지적했습니다. 이런 독점은 특정 계급에게만 이익을 줍니다. 게다가 식민지 무역은 불법을 기반으로 하기 때문에 다른 무역보다 얻게 되는 이윤율이 높았습니다. 식민지 국가를 불법으로 착취하는 경향이 있었던 것입니다.

식민지 무역에서 쉽게 이윤을 얻게 되니, 다른 산업에 투자할 자본들이 식민지 무역에만 투자됩니다. 이는 다른 산업의 발전을 저해하는 요인이 되고, 국가 전체로 보면 손해가 됩니다. 또한 식민지 국가하고의 무역 비중이 높아지면서 상대적으로 다른 국가하고의 무역은 줄어들게 됩니다. 쉽게 이윤을 획득할 수 있는 산업으로만 자본이 몰리기 때문입니다. 이런 현상은 다른 나라보다 무역 경쟁력이 뒤처지는 악영향을 낳습니다. 국가 전체적으로 보았을 때는 손해인 것입니다. 이외에도 식민지 국가를 관리하는 비용과 식민지 국가에서 일어나는 저항을 진압하기 위해 투입되는 비용 역시 골칫거리가 됩니다.

애덤 스미스는 이런 이유로 식민지 정책을 반대했습니다. 득보다 실이 많았기 때문입니다. 또한 식민지 건설을 위해서는 불법적인 방법이 항상 동원되었습니다. 도덕철학자인 애덤 스미스는 식민지 국가에 행해지고 있는 불법 역시 마음에 들지 않았던 것입니다.

21세기 식민지 정책인 신자유주의

어떤 학생들은 지금의 자본주의와 식민지가 무슨 상관이 있냐고 질문합니다. 세계 2차 대전을 끝으로 무력을 통한 제국주의는 종료됐는데 말이죠. 식민지 국가에 대한 통치 역시 지금은 사라졌습니다. 하지만 그렇다고 제국주의 자체가 사라진 것은 아닙니다. 제국주의는 형태를 바꾸어 지금도 존재하고 있습니다.

제국주의는 기본적으로 자본주의를 기반으로 합니다. 자본주의가 무엇인가요? 자본을 증식시키며 발전하는 경제 시스템입니다. 자본주의는 자본의 증식을 위해서라면 때와 장소를 가리지 않는 특성을 갖고 있습니다.

현재는 국제연합(UN)에서 침략전쟁을 금지하기 때문에 식민지 건설은 불가능합니다. 하지만 그렇다고 해서 제국주의가 끝난 것은 아닙니다. 자본주의 국가들은 자본을 증식시키기 위해 여전히 새로운 장소를 찾아 헤맵니다.

강대국들은 무력을 통한 식민지 건설이 불가능하니 새로운 방법을 고안했습니다. 과거 식민지 정책의 단점을 보완하고 장점만을 취하려한 것입니다. 식민지를 건설하면 그 국가를 관리하는 비용이 듭니다. 그리고 국가가 식민지 정책에 앞장서다 보니 시장의 독점을 형성하게 됩니다. 강대국들은 이런 단점을 보완하기 위해 신자유주의정책을 펼칩니다. 신자유주의는 국가 내부로는 정부의 개입을 최소화하고 국제적으로는 자유무역을 주장하는 정책을 말합니다. 모든 국가끼리는 관세 없는 자유무역을 해야 한다고 주장하는 것입니다. 우리가 앞에서 본 FTA 정책이 대표적인 신자유주의 정책의 예입니다.

기본적으로 이런 신자유주의 정책은 민간에 모든 것을 맡겨야 한다고 주장합니다. 나아가 국제무역에도 똑같은 논리를 적용하려 합니다. 자본이 큰 국가는 신자유주의 정책을 통해서 자본이 작은 국가와 무역장벽을 없애고 하나의 시장을 만들려고 합니다. 양국의 시장이 확대되는 효과가 있으니 전보다 더 많은 이득을 얻을 수 있다는 것입니다. 하지만 현실은 자본이 큰 국가가 자본이 작은 국가의 시장을 점령하는 것일 뿐입니다. 강대국이 약소국을 침략하듯 말이죠.

예를 들어 우리나라가 아프리카 어느 나라와 스마트폰 사업을 자유무역으로 한다고 생각해 봅시다. 아마도 기술과 자본에서 앞선 우리나라의 스마트폰 산업이 그 나라의 스마트폰 시장을 점령할 것입니다. 너무나도 당연해 보입니다.

이런 정책은 자본이 작은 국가를 또 하나의 식민지로 만드는 결과를 만듭니다. 자본이 작은 국가는 자본이 큰 국가에게 언제나 착취당합니다. 만약 애덤 스미스가 현재의 신자유주의 정책을 보았다면 어땠을까요? 찬성했을까요?

현재의 신자유주의 정책은 기본적으로 이런 영국의 중상주의 정책과 일맥상통합니다. 다만 무력을 사용하지 않을 뿐이지 독점을 꿈꾸는 것은 같습니다. 자본이 큰 국가는 상대적으로 자본이 작은 국가의 시장에 들어가서 독점적 지위를 추구하려 합니다.

애덤 스미스는 자유로운 경쟁을 통한 발전을 강조합니다. 신자유주의 같이 독점적 지위를 추구하면서 발전하는 방법은 결국 모든 국가에게 이득이 될 수 없다는 것입니다. 독점을 통한 발전은 단기적으로는 이익이 될지 모르지만, 장기적으로는 식민지 정책처럼 모두에게 손해가 될 수밖에 없는 것입니다.

여전히 많은 국가들은 신자유주의 정책을 추진 중입니다. 더 많은 시장을 확보하기 위해 보이지 않는 전쟁을 하고 있습니다. 자신의 국가만 이익을 보면 그만이라는 생각때문입니다. 이는 애덤 스미스의 조언을 귀담아 듣지 않은 것입니다. 자본주의는 공평하게 발전해야지 지속가능하다는 사실을 아직 깨닫지 못한 것 같습니다.

4

노동자의 이익을
보호하자

자본주의 경제 발전의 핵심

대한민국의 모든 사람은 지금보다 더 성장하고 싶어 합니다. 학생들은 더 좋은 성적을 받기를 원하고, 직장인들은 더 많은 월급을 받고 싶어 합니다. 모두들 경쟁에서 승리하여 지금보다 더 밝은 미래를 맞이하기를 원합니다.

우리가 이렇게 자꾸만 성장하고 싶어 하는 이유는 자본주의와 깊은 관련이 있습니다. 경제신문을 보면 매년 우리나라의 경제가 얼마만큼 성장할 수 있는지를 중요하게 따집니다. 작년보다 성장이 둔화되면 왠지 우리의 미래가 어두워지는 것 같습니다. 그런데 경제 성장이 정말로 그렇게 중요한 걸까요?

애덤 스미스는 자본주의 체제에서 가장 살기 좋은 시절은 경제가 계속 성장하는 시기라고 말합니다. 성장하는 시기에는 일자리가 늘어나고 임금도 점점 상승하기 때문입니다. 하지만 경제가 충분히 성장했다면, 그리 밝은 미래가 존재하지 않을 것이라고 합니다. 일자리는 점점 감소하고 임금도 줄어들기 때문입니다. 물론 경제가 하락하는 시기보다는 나을 것입니다.

애덤 스미스의 말대로 경제 성장은 무척 중요합니다. 가끔 사람들은 경제 성장이 이미 끝난 선진국들이 더 좋을 것이라 상상하지만, 그것은 타당한 추측이 아닙니다. 우리나라만 보아도 경제가 급속히 성장하던 70~80년대에는 사람들이 더 많은 희망을 품으면서 살았습니다. 지금처럼 경제가 충분히 성장한 상태에서는 오히려 경제가 하락하지는 않을까 더 걱정을 하게 됩니다. 일자리도 늘지 않고 임금도 잘 오르지 않기 때문입니다.

자본주의에서 경제 성장은 무척 중요합니다. 자본주의의 본질을 파악한 마르크스는 자본의 본질적인 속성을 성장으로 봤습니다. 이해가 가나요? 쉽게 설명하자면, 자본은 상품을 생산하고, 생산된 상품을 팔아서 다시 자본을 축적하는데, 이 과정이 빠르게 진행되면 경제 성장도 그만큼 빨라진다는 것입니다. 즉 상품을 많이 생산할 수 있으면 경제는 성장한다는 이야기입니다.

반대로 자본이 증가하지 않는다면 어떻게 될까요? 자본주의는 위기에 빠지고 무너집니다. 상품을 많이 생산할 수 없으니 일자리가 줄어들고, 일하고 싶어 하는 사람에 비해 일자리가 없으니 월급도 줄어듭니다. 그래서 자본주의는 본질적으로 경제 성장을 중요시 합니다.

그럼 이런 자본주의는 무엇으로 성장할까요? 노동의 가치 증식을 통해 발전합니다. 앞서 살펴봤습니다. 자본주의는 자본의 증식을 통해서 성장하는 것 같지만, 실제로는 노동의 가치 증식을 통해서 성장합니다. 노동의 가치가 자본의 가치로 전환되는 것입니다. 결국 자본주의의 성장은 노동 가치의 성장이고, 이는 노동자의 성장과 동의어입니다. 노동자들이 더 많은 가치를 부과할 수 있다면, 경제는 그만큼 더 성장하는 것입니다. 아주 당연한 이야기입니다.

자본주의가 꾸준히 성장하려면 가치를 부여하는 노동자들이 꾸준히 성장하면 됩니다. 하지만 계급을 전제로 하는 자본주의에서 노동자의 이익을 보호하는 것은 쉽지 않습니다. 왜냐하면 노동자는 가장 약한 계급이기 때문입니다. 약자는 대부분 보호받지 못하기 때문에 약자이기도 합니다. 게다가 겉으로 보기에 자본주의는 자본이 주인인 경제 시스템입니다. 노동자가 자본을 증식시키는 것이 아니라 자본이 자본을 증식시키는 것 같아 보입니다.

애덤 스미스는 자본주의에서 왜 노동자들이 보호 받지 못하는지 묘사합니다.

모든 면에서 불리한 노동자

자본주의가 시작된 이래로 자본가와 노동자는 항상 대립했습니다. 자본가와 노동자의 이익이 서로 겹쳤기 때문입니다. 자본가가 많은 이익을 얻으면 노동자가 손해를 보고, 노동자가 많은 이익을 얻으면 자본가가 손해를 봅니다. 자본가와 노동자는 이런 관계였기 때문에 둘의 대립은 필연적이었습니다. 아마 여러분이 아르바이트를 한다고 생각하면 쉽게 이해가 갈 듯합니다. 월급이 사장님 주머니에서 나오는데, 월급이 높아지면 사장님 주머니는 상대적으로 가벼워지는 것과 같은 이치입니다.

결국 자본가와 노동자는 임금 부분에서 가장 크게 대립합니다. 노동자가 얼마만큼의 임금을 가져가느냐에 따라 자본가의 이익이 결정되는 구조입니다. 노동자의 임금은 자본가와 어떻게 계약을 체결하는가에 따라 결정된다고 애덤 스미스는 말합니다. 즉 이 계약관계로부터 모든 분쟁이 시작되는 것입니다.

자본가와 노동자는 서로 더 많은 이익을 얻기 위해 단합하는 경향이 있습니다. 분명 숫자상으로는 노동자들이 더 많아서 힘이 세 보이지만 현실은 정반대입니다. 자본가와 노동자는 임금계약을 맺기 위해 단합하여 협상을 하는데, 자본가들은 숫자가 적어서 단합이 잘 됩니다. 그에 반해 노동자들은 상대적으로 숫자가 많다보니 각자의 생각이 달라서 단합이 잘 안됩니다. 어떤 노동자들은 1만 원만 올라도 만족하지만, 어떤 노동자들은 불만을 갖습니다. 서로의 삶이 다르기 때문에 이러한 현상이 나타나는 것은 당연한 일입니다.

게다가 법률과 정부는 일반적으로 자본가 편이었습니다. 애덤 스미스가 살던 시절에는 노동자의 권리를 보호하는 노동법도 없었습니다. 모든 법률이 자본가와 귀족을 중심으로 만들어졌던 시절입니다. 노동자의 권리를 보호하는 법은 존재하지 않았습니다.

지금은 노동법도 있고, 헌법도 노동자의 권리를 보호합니다. 하지만 여전히 다수의 법률은 자본가들에게 유리합니다. 애덤 스미스가 살던 시절보다 아주 조금 좋아졌을 뿐입니다.

기본적으로 법률은 무노동 무임금을 원칙으로 합니다. 즉 노동을 하지 않으면 월급을 주지 않아도 된다는 뜻입니다. 이 원칙은 굉장히 공평해 보이지만 사실은 그렇지가 않습니다. 이 원칙은 노동자에게 불리하게 작용합니다.

임금은 자본가와 노동자의 협상으로 진행되는데, 협상이 진행되는 동안 노동자들은 일을 할 수 없습니다. 일을 하지 않으니 임금을 받을 수가 없습니다. 물론 자본가도 생산을 하지 않으니 자본을 쌓을 수 없습니다. 하지만 자본가와 노동자는 처지가 다릅니다. 자본가는 일주일 정도 일을 하지 않아도 상관없지만, 노동자는 일주일만 일을 하지 않아도 타격이 큽니다.

애덤 스미스는 "노동자들이 직업을 가지지 않는다면, 일주일간을 버틸 사람이 많지 않고, 한 달간 버틸 사람은 거의 없고, 한 해 동안 버틸 사람은 아무도 없다."고 말합니다. 그만큼 자본가와 노동자의 처지가 다르다는 것입니다.

이뿐만이 아닙니다. 주변의 여론도 항상 노동자들에게 불리하게 작용합니다. 자본가들은 쉽게 단합하지만 숫자가 적다보니 소문이 나질 않습니다. 그에 반해 노동자들은 숫자가 많고 자신들의 의견을 표현하기 위해 큰 목소리를 내다보니 누구나 알게 됩니다. 또한 노동자들은 목숨을 걸고 협상을 하는 것이기 때문에 쉽게 과격해 집니다. 때문에 노동자들은 정당한 요구를 하는 것임에도 사람들은 노동자들이 단체로 소란을 피운다고 생각하는 것입니다.

특히 우리나라에는 이러한 편견이 강하게 퍼져있습니다. 노동자들이 집회를 하면 어떤 신문이나 방송은 '폭력집회'라는 이름으로 매도합니다. 중요한 것은 그 집회가 왜 열렸는가 하는 것이고, 집회를 진행하는 사람들의 요구조건이 무엇인가 하는 것인데 말입니다. 그 결과, 노동자들은 시민들의 지지를 얻지 못하고 자본가와의 협상에서도 불리해 집니다. 애덤 스미스가 살던 시절과 크게 달라지지 않은 것입니다.

자본주의의 주인공은 노동자이다

애덤 스미스가 말했듯이 노동자는 항상 불리한 위치에 있습니다. 거칠고 소란을 피울 것만 같은 느낌을 줍니다. 하지만 이것은 일종의 편견입니다. 여러분은 본인이 거칠고 소란스럽다고 생각하나요? 아마 자기 자신을 그렇게 생각하는 사람은 없을 것입니다.

우리가 노동자라고 하면 나하고 상관없는 사람처럼 생각하지만, 현실적으로 대부분의 학생들은 노동자가 됩니다. 대학을 졸업하든 대학원을 졸업하든 또는 고등학교만 졸업하든 노동자가 되는 것은 똑같습니다. 사무직에서 일하느냐 생산직에서 일하느냐 또는 전문직에서 일하느냐의 차이만 있을 뿐입니다.

2015년 기준으로 대한민국에서 임금을 받으면서 일하는 노동자는 1,900만 명 정도 입니다. 전 국민이 5,000만 명인 것을 감안하면, 경제활동을 하는 사람의 대부분이 노동자라는 뜻입니다. 그럼에도 우리나라 사람들은 노동자의 이익을 무시합니다. 심지어 자신이 노동자임을 알지 못하는 사람들도 꽤 많습니다.

가끔 자신을 노동자가 아닌 근로자라고 말하는 사람들이 있습니다. 근로자가 노동자보다 더 좋은 말이라고 생각해서 근로자라는 단어를 사용하는 것 같습니다. 하지만 그 반대입니다. 근로자는 근면한 노동자라는 뜻인데, 이는 불만을 갖지 말고 자본가의 말에 복종하면서 일만 하라는 뜻이 담긴 단어입니다. 일본이 침략전쟁을 준비하면서 노동자의 파업을 줄이기 위해 만든 단어입니다. 그런 단어가 일제강점기를 거치면서 우리나라에 정착한 것입니다. 당연히 쓰면 안 되는 말입니다.

자본주의에서 대부분의 사람들은 노동자로 삽니다. 자본주의는 노동자가 없다면 존재할 수 없는 시스템이기도 합니다. 경제발전을 위해서는 노동자의 안정된 노동력이 보장되어야 합니다.

노동자는 자본주의에서 두 가지 중요한 역할을 합니다. 상품을 생산하는 역할과 생산된 상품을 소비하는 역할입니다. 노동자에게 안정된 생활이 보장되어야 차질 없이 상품 생산을 할 수 있고, 정당한 임금을 받아야 생산된 상품을 소비시켜서 자본을 증식시킬 수 있습니다. 노동자가 없다면 자본주의는 무너지고 마는 것입니다.

애덤 스미스는 자본주의를 자연법칙처럼 묘사하려고 했습니다. 그러면서도 자본주의에서 노동자들이 차별받는 현실을 외면하지는 않았습니다. 자본주의의 핵심적 역할은 노동자가 하는데, 그 대우는 그렇지 못했습니다.

애덤 스미스는 노동자에게 따뜻한 시선을 보냅니다. 비록 그들이 일반 사람들에게 외면 받을지언정, 자본주의를 발전시키고 유지시키는 주인공이라는 사실은 변하지 않는 것이니까요.

5
불평등을
해소하자

불평등으로 유명해진 경제학자

2014년 4월, 한 권의 경제학 서적이 미국에서 베스트셀러가 됩니다. 그 책은 800장이 넘는 두께였고, 그리 매력적이지 않은 제목을 갖고 있었습니다. 바로 『21세기 자본』이라는 책입니다.

『21세기 자본』은 프랑스 경제학자인 토마 피케티(Thomas piketty, 1971~)의 저작입니다. 프랑스에서 처음 출간되었지만 큰 인기를 얻지 못하다가, 미국으로 건너가 마침 경제 위기에 허덕이던 미국인들에게 큰 관심을 받게 됐습니다.

당시 미국인들은 자신들의 불평등에 상당한 관심을 보이고 있었습니다. 큰 회사 CEO와 일반 직원의 연봉차이가 무려 300배나 됐습니다. 일본 기업이 100배 정도 된다고 하니 미국에서 일어나고 있는 격차는 엄청나게 큰 것이었습니다.

과거 미국인들은 이런 연봉 차이를 개인 노력의 결과로 받아들였습니다. 하지만 경제 위기가 시작되자 개인의 노력만으로 이런 현실을 설명하기에는 부족하다는 것을 깨닫게 되었습니다. 그때 등장한 책이 『21세기 자본』입니다.

『21세기 자본』은 마르크스가 쓴 『자본론』을 연상시킵니다. 『자본론』의 21세기 판처럼 보입니다. 이 책이 유명해진 이유에는 제목의 역할도 컸을 것 같습니다. 그럼 과연 『자본론』과 내용도 비슷할까요?

마르크스의 『자본론』이 자본주의 구조의 본질적인 문제를 분석했다면, 『21세기 자본』은 자본주의의 불평등 문제를 통계적으로 분석한 것입니다. 자본주의가 시작된 이래로 불평등이 심해진 시기를 수치로 분석하고 그 원인을 파악했습니다.

『21세기 자본』의 핵심은 이렇습니다. 자본의 수익률이 경제성장률보다 높아지면 불평등이 심화된다는 것입니다. 이 말을 좀 더 쉽게 풀어보면, 자본가가 취하는 돈이 전체 경제가 성장하면서 얻는 돈보다 많으면 불평등이 심화된다는 뜻입니다. 이해가 가나요?

일반적으로 자본주의는 자본가의 자본으로 노동자를 고용해서 상품을 생산합니다. 그리고 자신이 생산한 상품을 시장에 팔아서 이윤을 획득합니다. 이 이윤은 다시 자본가의 자본으로 축적되고 상품 생산에 사용됩니다. 자본주의의 기본 작동 원리입니다.

이 과정에서 『21세기 자본』의 저자, 피케티는 자본가가 얻는 이윤 부분과 전체 노동자가 얻는 수익 부분을 비교합니다. 일반적으로 경제성장률은 국민들이 얻는 소득이 가장 중요한데, 대부분의 국민들은 노동자로서 소득을 얻고 있습니다. 따라서 전체 자본가의 이익과 전체 노동자의 이익을 비교한 뒤 자본가의 이익이 더 많으면 불평등이 심하다는 의미입니다.

어떻게 보면 피케티의 주장은 당연해 보입니다. 자본가가 노동자보다 더 많은 이익을 얻는 것은 누구나 아는 사실입니다. 하지만 피케티는 자본가와 노동자의 일대일 비교를 하지 않았습니다. 한 국가에 있는 전체 자본가와 국민 전체를 비교했습니다.

한 번 예를 들어 보죠. 만약 한 자동차 공장에 자본가 1명과 노동자 1,000명이 있다고 해봅시다. 자본가 1명이 얻는 이윤과 노동자 1,000명의 임금을 비교해봅시다. 자동차 공장이 처음 생겼을 때는 노동자 1,000명 임금의 합이 자본가 1명이 얻는 이윤보다 더 컸습니다. 시간이 지나 자동차 판매가 증가하고, 자동차 공장에는 더 많은 노동자가 필요해 졌습니다. 이제 공장에는 자본가 1명과 노동자 1,500명이 있습니다. 피케티는 이 부분을 중요하게 생각했습니다. 노동자가 1,500명으로 늘었음에도 1,500명 노동자 임금의 합이 자본가 1명이 가져가는 이윤보다 적다는 사실을 발견하게 되었습니다.

피케티는 이러한 사실을 통계적으로 분석합니다. 자본수익률과 경제성장률 사이에 왜 이런 차이가 나는지는 모르지만, 자본주의 시스템에서 이런 불평등이 존재한다는 사실을 통계적으로 증명했습니다. 애덤 스미스가 살던 1700년대부터이니, 무려 그 기간이 약 300년이나 된다고 합니다. 사람들에게는 충분히 매력적인 연구 결과였던 것입니다.

피케티의 불평등 해결책

피케티가 분석한 자본주의의 불평등은 자본가 계급과 노동자 계급의 소득 격차와 관련이 있습니다. 자본가는 점점 빠르게 부를 축적하는데 그에 반해 노동자는 상대적으로 느렸던 것입니다. 국가의 부는 전체적으로 증가했지만, 자본가들의 축적 속도는 그보다 훨씬 빨랐던 것입니다.

피케티는 이런 자본주의의 불평등을 해결하기 위해 자본가의 이윤을 줄이려고 합니다. 그는 세금에 주목합니다. 자본가가 이윤을 축적하는 것은 자본주의에서 반드시 필요한 활동입니다. 이 활동을 억제하기는 불가능합니다. 만약 억제된다면 자본주의는 존재하지 못할수도 있습니다. 그러니 자본가가 이윤을 획득하는 과정은 그대로 두고 획득 후의 이윤을 세금으로 거두자고 제안한 것입니다. 피케티에게 불평등의 핵심 원인은 소득격차인데, 이 격차를 세금을 통해 줄이자는 것이었습니다.

피케티는 자본주의의 불평등을 해결하기 위해서는 글로벌 부유세를 도입해야 한다고 주장합니다. 불평등은 한 국가만의 문제가 아니라 지구 전체 즉 자본주의를 도입하고 있는 모든 나라에서 일어나고 있는 문제라는 뜻입니다.

물론 이런 그의 대책은 비현실적이라고 비판받습니다. 피케티 역시 자신의 정책이 실현 불가능하다는 사실을 인정합니다. 세금을 부과하는 것은 정치권인데, 정치권은 항상 부자들에게 세금을 부과하는 것을 걱정합니다. 표면상으로는 부자들에게 과도한 세금을 부과하면 경제 성장률이 떨어질 수 있다고 하지만, 사실 대부분의 정치인들이 부자들로부터 정치자금을 받기 때문에 부자들이 싫어하는 정책을 추진하지 않습니다. 세금 역시 마찬가지입니다.

그럼 이런 불평등은 해결할 수 없을까요? 사실 부자들에게 과도한 세금을 부과하는 정책은 여러 번 추진되었지만, 만족할 만한 결과를 얻지는 못했습니다. 부자들 역시 확고한 논리를 갖고 있었습니다. 경제성장률이 떨어진다고 협박도 하고, 자유방임주의 정책을 주장하기도 합니다. 모두 자신들에게 유리한 논리를 가지고 오는 것입니다.

불평등이 심한 국가에서는 두 가지 정책으로 이를 해결하려고 합니다. 첫 번째는 피케티가 주장한대로 상위 계급에게 세금을 부과하는 것이고, 두 번째는 노동자의 임금을 올리는 것입니다. 어차피 불평등의 원인이 자본가와 노동자의 소득 차이에 있으니, 자본가의 이윤을 세금으로 줄이거나 노동자의 임금을 올리면 불평등 문제를 해결하자는 것입니다.

만약 애덤 스미스가 현재의 자본주의 불평등을 보았다면, 어떻게 해결하려고 했을까요?

애덤 스미스의 해결책
애덤 스미스가 살던 자본주의 초기에는 불평등 문제가 그리 심각해 보이지 않았습니다. 정확히 말하자면 당시 대부분의 사람들은 봉건시

대부터 존재했던 불평등을 당연한 것으로 생각했습니다. 왜냐하면 봉건시대는 신분제를 기반으로 한 사회였기 때문에 신분이 높은 사람이 더 많은 부를 소유하는 것이 당연했습니다. 불평등에 대한 자각이 심각하지 않던 시절이었습니다.

애덤 스미스 역시 자본주의의 불평등에 큰 관심을 갖지는 않았습니다. 그보다는 자본주의의 성장 측면을 중요시 생각했습니다. 자본주의의 끊임없이 성장하는 속성이 국가의 빈곤 문제를 해결해 주리라 믿었습니다.

이런 애덤 스미스의 생각은 피케티에 의해서도 증명됩니다. 자본주의 초기에는 자본수익률보다 경제성장률이 더 높았던 것입니다. 이 말은 자본주의가 성장하면 빈곤도 해결될 수 있다는 사실을 증명했다는 것입니다. 자본주의의 긍정적인 측면입니다. 하지만 애덤 스미스는 이런 긍정적인 측면의 뒷면을 바라봤습니다. 분명 자본주의는 꾸준히 성장하지만, 그 과정에서 불평등이 존재한다는 사실을 인식하고 있었던 것입니다.

우리는 앞에서 토마 피케티의 불평등 해결책을 보았습니다. 그 해결책은 부유층에게 더 많은 세금을 부과하거나 노동자의 임금을 올리는 것이었습니다. 애덤 스미스는 피케티와 반대로 노동자의 임금에 주목했습니다. 노동자들이 자신의 임금을 제대로 받지 못한다는 것이었습니다. 자신이 하는 일에 비해 정당한 대가를 받지 못하는 것을 특히 큰 문제로 파악했습니다.

애덤 스미스는 노동자들의 임금이 차이가 나는 것은 다음 다섯 가지 이유 때문이라고 말했습니다.

> 내가 관찰할 수 있었던 바에 의하면, 다음의 다섯 가지 사정들은 어떤 직업에서는 금전상의 수익이 적은 것을 보상해 주고, 다른 어떤 직업에서는 금전상의 수익이 큰 것을 상쇄시키는 주요한 사정들이다. 첫째, 직업 자체가 사람들을 유쾌하게 하는가 불쾌하게 하는가. 둘째, 그 직업을 습득하기가 쉽고 비용이 저렴한가. 어렵고 비용이 많이 드는가. 셋째 취업이 안정적인가 불안정적인가. 넷째, 그 직업에 종사하는 사람에게 주어진 신임, 곧 그의 책임이 큰가 작은가. 다섯째, 그 직업에서 성공가능성이 있는가 없는가이다.
>
> – 『국부론』 중에서

애덤 스미스는 위의 원인만이 노동자들 사이에 임금 차이가 나는 이유라고 보았습니다. 가령 쾌적한 환경에서 일하는 노동자의 임금은 그렇지 못한 경우의 노동자의 임금보다 적다는 것이고, 취업하는 데 오래 걸리는 직업이 그렇지 않은 직업보다 더 많은 임금을 받는다는 것입니다. 또한 직장의 안정성이 높을수록 임금은 낮고, 책임이 크면 임금 역시 크다는 것입니다. 마지막으로 어떤 직업이 일의 수행여부에 따라 임금을 받는다면, 성공가능성이 작을수록 임금이 높다는 것입니다. 물론 이러한 임금 격차에는 예외의 존재 가능성 역시 인정됩니다.

지금의 경우와 애덤 스미스의 분석이 일치하는지 살펴볼까요? 대부분의 경우가 비슷하지만, 첫 번째하고 세 번째 분석은 조금 다릅니다. 쓰레기를 수거하시는 분들은 항상 늦은 시간에 불쾌한 작업환경에서 일하지만 높은 임금을 받지는 못합니다. 또한 직업안정성이 떨어지는 비정규직 일자리 역시 임금이 높지 않습니다. 이는 애덤 스미스의 세 번째 분석과 다릅니다. 하지만 대체적으로 애덤 스미스의 분석은 타당합니다. 우리가 회사 CEO에게 높은 임금을 주는 것은 그 자리가 많은 책임을 요구하기 때문이고 변호사나 의사에게 높은 임금을 주는 이유는 취업에 오랜 시간이 걸리는 직업이기 때문입니다. 애덤 스미스의 주장의 타당성을 증명하는 사실입니다. 그럼 다른 항목이 애덤 스미스의 분석과 차이가 나는 이유는 무엇일까요?

애덤 스미스의 분석은 점점 틀릴 확률이 높아집니다. 특히 자본주의가 발전하면 할수록 그의 분석의 정확도는 떨어질 것입니다. 앞서 직업 자체로 임금 차이를 설명했지만, 앞으로는 자본의 수익률이 높은 산업에서 일할수록 더 많은 임금을 받을 확률이 높습니다. 자본주의가 발전할수록 자본 수익률이 경제 성장률을 추월하기 때문입니다.

현실에서 가장 높은 임금을 받는 곳은 은행입니다. 애덤 스미스의 분석에 의하면 은행원이 높은 임금을 받는 것은 쉽게 설명되지 않습니다. 은행원들은 보통 쾌적한 환경에서 일하고, 은행원이라는 직업을 습득하는데도 오랜 시간이 걸리지 않습니다. 특별한 자격증 역시 필요하지 않죠. 또한 직업의 안정도가 크게 떨어지지도 않습니다. 그렇다고 책임을 크게 지는 일도 아닙니다. 성공가능성 역시 특별히 낮다고 할 수도 없습니다. 그렇다면 은행원의 임금은 왜 높을까요?

이유는 간단합니다. 은행업이 다른 산업보다 더 많은 수익을 창출하기 때문입니다. 기본적으로 회사는 큰 이윤을 획득할수록 노동자의 임금을 올려줍니다. 당연한 이야기입니다. 다만, 그 크기는 이윤의 크기에 비례하지 않습니다. 이윤이 100% 증가해도 임금은 10%도 인상되지 않습니다.

그럼에도 큰 이윤은 높은 임금과 연결됩니다. 은행업이 다른 산업보다 높은 이윤을 획득하니 당연히 그곳에서 일하는 노동자 역시 높은 임금을 가져갑니다. 이는 직업 자체의 성질과는 전혀 관계없는 사항입니다.

애덤 스미스가 독점의 폐해를 강조한 것도 이런 측면이 있었기 때문입니다. 만약 한 산업이 높은 이윤을 획득하면, 그곳에서 일하는 노동자 역시 높은 임금을 얻어갑니다. 하지만 다른 산업의 노동자는 그렇지 못합니다. 이는 독점 산업이 다른 산업의 이윤을 빼앗아 간 것과 마찬가지 결과입니다. 그 과정에서 독점 산업의 노동자 역시 비슷한 이익을 얻은 것입니다.

그러다 보니, 정상적인 임금 차이가 존재하지 않게 됩니다. 쓰레기를 수거하는 분들은 자신의 회사가 높은 이윤을 얻지 못하니 저임금에 시달리고, 은행원은 은행이 높은 이윤을 획득하니 고임금을 받는 것입니다. 이는 자본주의의 또 다른 불평등 문제입니다. 즉 자본주의가 발전할수록 상대적으로 임금 소득과 자본수익률에 차이가 나는 이유입니다. 소수의 자본만 높은 임금을 주고 나머지 자본은 모두 저임금을 줄 수밖에 없습니다.

이를 해결하려면, 애덤 스미스의 말대로 노동을 기준으로 임금을 지급해야 합니다. 노동에 정당한 가치를 부과하는 것이 불평등을 해소할 수 있는 길입니다. 또한 자본에 따라 임금에 차이가 나면 정말 사회에서 필요로 하는 직업이 사람들로부터 외면 받게 됩니다. 이렇게 되면 사회가 정상적으로 돌아갈 수 없는 상황이 옵니다.

노동의 가치에 따라 임금을 지급해야 합니다. 자본에 따라 임금을 지급하면 자본가와 노동자의 격차만 벌어지고, 이는 곧 전체 불평등의 심화를 가져옵니다. 공평한 임금 지급부터가 불평등 해소의 출발점이 되어야 합니다.

우리 모두 노력해야 할 부분입니다.

자본주의와 민주주의의 관계

애덤 스미스는 자본주의를 변하지 않는 현실로 받아들였습니다. 일종의 자연법칙인 셈입니다. 그래서 자본주의가 갖고 있는 여러 문제들에 대해 심각하게 생각하지 않았습니다. 인간의 힘으로 바꿀 수 없는 것들이라고 생각한 것입니다.

당시 애덤 스미스가 살던 시절의 영국은 완전한 민주주의가 아니었습니다. 여전히 여왕이 존재했고, 귀족이 존재했던 시기였습니다. 아무리 능력이 있어도 왕이나 귀족이 될 수 없는 구조였습니다. 하지만 민주주의가 도입된 이후로 국가의 주인은 국민이 되었습니다. 왕이 더 이상 국가의 주인이 아님을 알게 된 것입니다.

국민이 원한다면, 무엇이든지 할 수 있는 세상입니다. 국민은 복종할 필요도 없고, 무조건 순응할 필요도 없습니다. 자신들이 옳다고 믿는 세상을 만들 수 있습니다. 이게 바로 민주주의의 힘입니다.

민주주의는 국민이 원한다면, 자본주의의 문제를 해결할 수 있습니다. 문제를 해결할 수 있는 정당한 절차가 마련되어 있습니다. 바로 선거입니다. 국민은 선거에서 자신의 의사표시를 통해 국가정책에 개입합니다. 물론 한 명의 대표를 뽑을 뿐이지만, 이 대표는 국민의 뜻이 무엇인지 고민합니다. 고민하지 않으면 국민으로부터 외면 받게 되니까요.

민주주의 시대는 국민이 주인인 시대입니다. 우리가 국가의 주인입니다. 국가를 원하는 방향으로 바꿀 수 있는 힘이 국민에게 있습니다. 자본주의의 문제를 해결할 의무 또한 국민에게 있습니다.

여러분이 앞으로 성인이 되어도 정치에 계속 관심을 가져야 하는 이유입니다. 자신이 원하는 세상도 스스로 만들고, 세상의 문제도 스스로 고쳐야 합니다. 세상의 주인은 바로 여러분입니다.

|생각이 자라는 질문 05|

– 자본주의의 주인공인 노동자로써, 민주주의의 주인인 국민으로써 우리가 어떤 것을 할 수 있을지 생각해 봅시다.

| 맺는말 |

"경제학의 시작인
『국부론』이 주는 교훈"

개인적으로 참 즐거운 시간이었습니다. 애덤 스미스의 『국부론』을 다시 읽으면서 그의 생각을 확실히 느낄 수 있었습니다.

애덤 스미스는 한 쪽에서는 너무 추앙받고 다른 한 쪽에서는 너무 무시당합니다. 하지만 이런 극단적인 생각은 옳지 않은 경우가 많습니다.

모든 사물에 장단점이 있듯이 애덤 스미스의 주장 또한 마찬가지였습니다. 극단적인 주장을 하는 사람들을 보면 "애덤 스미스가 진정으로 하고 싶었던 이야기를 이해하기는 했을까?"라는 의문이 늘 들었습니다. 그만큼 애덤 스미스의 이론은 논리적이면서도 현실을 잘 반영하고 있는 것입니다.

이 책은 애덤 스미스가 『국부론』을 통해서 하고자 했던 이야기를 쉽게 설명한 책입니다. 이 책을 통해 애덤 스미스의 이야기가 흥미로웠

213

다면, 『국부론』과 『도덕감정론』을 읽어 보기 바랍니다. 그가 자본주의 사회에 미친 엄청난 영향력을 경험할 수 있는 기회가 될 것입니다. 여러분이 살아가야 할 자본주의의 기본 원리를 애덤 스미스만큼 정확히 파악한 사람도 없을 것입니다. 자본주의의 문제점을 비판한 사람이 마르크스였다면, 애덤 스미스는 자본주의의 기본 원리를 이야기한 사람입니다. 우리에게 『국부론』과 『자본론』이 중요한 이유입니다.

마지막으로 이 책이 나오는데 도움을 주신 글라이더의 박정화 대표님과 출판사 가족 여러분께 감사의 말씀을 전하고 싶습니다.

★ 세계 속의 애덤 스미스 [애덤 스미스(검정색), 세계사(별색)]

1723년 애덤 스미스 스코틀랜드 커콜디에서 탄생하다.

1729년 스코틀랜드 커콜디의 버그 초급학교에 입학하다.

1737년 글래스고대학교에 입학하다.

　　　도덕철학 교수인 F. 해치슨에게 영향을 받다.

1740년 옥스퍼드대학교 밸리올 칼리지에 입학하다.

1748년 스코틀랜드 에딘버러에서 공개강연을 하면서 대중의 인기를 얻기

　　　시작하다.

1750년 『회의론』의 창시자인 철학자 데이비드 흄을 만나 교류를 시작하다.

1751년 글래스고 대학의 논리학 담당 교수가 되다.

1752년 도덕철학 담당 교수가 되다.

1759년 『도덕감정론』 출간하다.

1762년 글래스고 대학이 애덤 스미스에게 법학박사 칭호를 수여했다.

1763년 철학자 데이비드 흄이 소개해 준 타운젠드로부터 그의 양아들 헨리

　　　스코트를 가르치는 개인교사 제의를 받다.

1764년 찰스 타운젠드의 아들의 개인교사로 유럽을 여행하다.

1765년 영국, 전쟁으로 인한 부채를 해결하기 위해 미국 식민지에 인지세법을
         시행하다. 이는 미국 독립 전쟁에 단초가 된다.

1766년 애덤 스미스와 유럽 여행을 떠났던 헨리 스코트의 동생이 파리에서
         세상을 떠난 직 후 애덤 스미스의 개인 교사로서의 영향도 끝나다.

1766년 유럽 여행에서 돌아와 고향 커콜디에서 『국부론』을 쓰기 시작하다.

1769년 제임스 와트, 증기기관을 발명하다. 영국에서 산업혁명이 시작되다.

1773년 미국 보스턴 차 사건이 발생하다 이는 미국 독립의 씨앗이 되다.

1774년 미국의 독립혁명이 일어나다.

1775년 미국에 독립전쟁이 발발하다.

1776년 『국부론』 출간하다.

1776년 미국이 독립을 선언하다.

1778년 애덤 스미스는 스코틀랜드의 관세청장으로 임명되었다.

1783년 에든버러 왕립협회 창립회원이 되다.

1783년 미국이 파리조약을 통해 독립을 승인받다

1787년 글래스고 대학의 총장이 되다.

1787년 미국, 필라델피아에서 헌법회의를 열어 연방헌법을 제정하다.

1789년 프랑스 혁명이 발생하다.

1790년 애덤 스미스, 애든버러의 캐넌게이트에서 세상을 떠나다.

1790년 애덤 스미스는 자신의 첫 번째 책인『도덕 감정론』을 평생 개정했는데, 그가 죽기 직전『도덕 감정론』(6판)의 마지막 개정판이 출간되다.

1798년 사후 유고집으로 학생들의 필기장을 근거로 쓰인『글래스고 대학 강의』가 출간되다.

1799년 최초의 동인도회사였던 네덜란드 동인도 회사가 영토를 본국 정부에 이양하고 해산하다.

이로써 중상주의 정책은 내리막길을 걷기 시작하다.

1818년 『자본론』의 저자 칼 마르크스가 독일 라인주 트리어에서 태어나다.

▲ 애덤 스미스가 『국부론』을 집필한 저택 자리를 기념하는 동판
"이 자리에 그의 어머니의 집이 서 있었고, 그 안에서 애덤 스미스가
1767~1776년까지 거주하면서 『국부론』을 완성했다"는 문구가 있다.

10대에 마주하는 인문고전_02

애덤 스미스, 더불어 잘 사는 세상을 꿈꾸다

1쇄 인쇄 2016년 3월 21일 **1쇄 발행** 2016년 3월 25일

지은이 김세연
펴낸곳 글라이더 **펴낸이** 박정화
편집 최효준 김송이 **디자인** 디자인뷰 **마케팅** 임호 **제작** 홍수종

등록 2012년 3월 28일 (제2012-000066호)
주소 경기도 고양시 일산동구 장백로 19 더루벤스카운티 340호 (우.10449)
전화 070)4685-5799 **팩스** 0303)0949-5799 **전자우편** gliderbooks@hanmail.net
블로그 http://gliderbook.blog.me/
ISBN 979-11-86510-14-8 44160

이 도서의 국립중앙도서관 출판시도서목록(CIP)은 서지정보유통지원시스템 홈페이
지(http://seoji.nl.go.kr)와 국가자료공동목록시스템(http://www.nl.go.kr/kolisnet)에서
이용하실 수 있습니다. (CIP제어번호 : CIP2016005753)

글라이더는 존재하는 모든 것에 사랑과 희망을 함께 나누는 따뜻한 세상을 지향합니다.